누구나 좋아하는
국민 닭 요리

누구나 좋아하는
국민닭요리

초판 1쇄 인쇄 2014년 12월 5일
초판 1쇄 발행 2014년 12월 10일

지은이 최주영
펴낸이 양동현
펴낸곳 아카데미북
　　　　출판등록 제13-493호
　　　　주소 136-034, 서울 성북구 동소문로13가길 27번지
　　　　전화 02) 927-2345 팩스 02) 927-3199

ISBN 978-89-5681-154-3 / 13590

＊잘못 만들어진 책은 구입한 곳에서 바꾸어 드립니다.

www.iacademybook.com

이 도서의 국립중앙도서관 출판시도서목록(CIP)은
e-CIP홈페이지(http://www.nl.go.kr/ecip)와 국가자료공동목록시스템(http://www.nl.go.kr/kolisnet)에서
이용하실 수 있습니다. CIP제어번호 : CIP2014035697

누구나 좋아하는

국민
닭요리

아카데미북

머리말

어떤 닭고기 메뉴를 만들까 고민하다 보니 문득 아버지 손에 들려 있던 기름 밴 봉투에서 나는 통닭 냄새, 엄마 손 잡고 시내 백화점에 가서 처음 맛본 프라이드 치킨의 바삭함, 선풍기도 끈 채 땀 흘리며 먹어야 제맛이라고 호통치시던 할머니가 끓여 주신 닭백숙, 일본 출장 때마다 먹는 온갖 부위의 야키토리(닭꼬치 구이), 가족들과 축구 보며 먹는 치킨 등 어릴 적 기억이 새록새록 났습니다. 독자 여러분들도 닭고기에 관한 자신만의 추억이 있으리라 생각합니다. 요즘 '1인 1닭'이라는 말까지 생겨났으니 '국민 닭요리'라는 제목이 진정 어울리지 않나요? 그만큼 전국민에게 사랑받는 음식 중 하나가 아닐까 하는 생각이 듭니다.

닭고기는 두뇌 성장에 도움을 주는 단백질이 많아 성장기 아이들이 꼭 먹어야 하고 콜라겐이 풍부하여 피부 미용에 신경 쓰는 여성들에게도 좋습니다. 또한 닭 육수는 몸을 따뜻하게 하고 흡수가 빨라 감기 몸살에 효과가 있고, 고기의 섬유질이 가늘고 연하여 산후 조리나 회복기 환자, 소화 기능이 떨어지는 나이 드신 어르신도 쉽게 드실 수 있습니다. 그리고 근육을 키우는 남성분들이나 다이어트를 하시는 분들에게 닭가슴살은 없어서는 안 될 가장 중요한 음식일 테죠.

이 책에서는 주변에서 쉽게 접하는 닭고기를 이용해 좀더 다양한 요리법으로 더욱 맛있게 즐길 수 있는 요리 72가지를 담았습니다. 다이어트에 좋은 닭가슴살을 이용한 샐러드부터, 아이들이 좋아하는 프라이드 치킨과 닭강정 같은 튀김 요리, 더운 여름을 이겨낼 수 있도록 도와주는 대표 보양식 삼계탕 등의 국물 요리, 간단하게 만들 수 있는 일품 요리, 아기들 이유식까지 닭고기로 만들 수 있는 다양한 요리법을 담았습니다.

마트 혹은 동네 슈퍼마켓에만 가도 깨끗하게 손질된 닭고기가 부위별로 판매되고 있고, 각양각색의 소스와 양념들이 가득합니다. 배달 음식의 대표 주자가 치킨이라지만, 조금만 정성을 들이면 맛있는 닭고기 요리, 나만의 닭고기 요리를 사랑하는 사람들에게 만들어 줄 수 있습니다. 질 좋은 재료들에 손맛이 더해지면 깜짝 놀랄만 한 즐거움이 만들어집니다. 이 책에서 소개하는 다양한 조리법을 이용해서 쉽고 맛있게 손수 요리하는 행복한 시간을 가져 보세요.

닭고기 만세!

— 최주영

차례

Part 7

이유식

누구나 좋아하는 국민 닭요리

샐러드

케이준 치킨 샐러드

고소한 맛이 일품

2인분

조리 시간
30분

칼로리
968

 재료

닭안심살 4쪽(150g), 소금·후추 약간, 화이트와인 1큰술, 붉은 파프리카 1/4개, 오렌지 1/2개, 블랙 올리브 4개, 샐러드 채소 50g, 치킨용 튀김가루 1/2컵, 케이준 시즈닝 1작은술, 식용유 적당량
허니머스터드 드레싱 시판용 4큰술

 만드는 법

1 닭안심살은 힘줄을 제거하여 비스듬히 2등분하고, 소금·후추·화이트와인에 30분간 재운다.

2 파프리카는 씨와 꼭지를 제거하여 슬라이스하고, 오렌지는 껍질을 벗기고 과육만 잘라 낸다.

3 블랙 올리브는 둥글게 썬다.

4 치킨용 튀김가루에 케이준 시즈닝을 섞어 닭안심살 겉면에 고루 묻힌 뒤 170℃의 식용유에 노릇하게 튀긴다.

5 샐러드 채소에 파프리카·오렌지·블랙 올리브를 곁들이고 4의 닭안심살을 올린 뒤 허니 머스터드 드레싱을 뿌린다.

치킨 시저 샐러드

아삭한 로메인 상추가 매력적인 미국식 샐러드

2인분

조리 시간
30분

칼로리
945

 재료

닭가슴살 1쪽(120g), 로메인 상추 60g, 올리브오일 1큰술, 화이트와인 1큰술, 소금·후추 약간, 파르메산
치즈·후추 적당량
크루통 식빵 1장, 올리브오일 2큰술, 파르메산 치즈 가루 1/2큰술, 로즈마리 약간
시저 드레싱 안초비 1큰술, 다진 마늘 1/2작은술, 레몬즙 3큰술, 홀그레인 머스터드 1큰술, 우스터 소스
1작은술, 마요네즈 100㎖, 파르메산 치즈 가루 1큰술, 타바스코 1/2작은술, 소금·후추 약간

 만드는 법

1 안초비를 다져서 드레싱 재료와 섞어 냉장 보관한다.

2 식빵을 사방 2㎝ 크기의 사각형 모양으로 자른 뒤, 올리브오일·파르메산 치즈
  가루·로즈마리에 버무려 180℃ 오븐에 6~8분간 굽는다.

3 닭가슴살은 올리브오일·화이트와인·소금·후추를 뿌려 30분간 재운다.

4 팬에 닭가슴살 겉면을 노릇하게 구워 180℃ 오븐에 8~10분간 익힌 뒤
  슬라이스한다.(오븐이 없을 때는 불을 줄이고 뚜껑을 덮어 속까지 익힌다.)

5 로메인 상추는 밑둥을 잘라 버리고 깨끗이 씻어서 물기를 없앤 뒤 드레싱 4큰술에
  버무린다.

6 버무린 상추를 접시에 먼저 담고, 닭가슴살과 크루통을 올린 뒤 파르메산 치즈 가루를
  갈아 얹는다.

7 취향에 따라 후추를 뿌린다.

닭고기 수삼 냉채

영양이 풍부한 닭고기에 수삼을 곁들인 고급스러운 샐러드

2인분

조리 시간
30분

칼로리
830

🍗 재료

닭가슴살 1쪽(120g), 청주 1큰술, 파 1/4개, 마늘 1쪽, 수삼 2뿌리, 대추 4개, 오이 1/2개, 사과 1/2개, 밤 4개,
곶감 1개
겨자 크림 드레싱 식초 3큰술, 겨자 1큰술, 레몬즙 1큰술, 다진 마늘 1/2큰술, 설탕 1큰술, 마요네즈 2큰술,
생크림 1큰술, 소금 1/2큰술

🍲 만드는 법

1 물에 청주·파·마늘을 넣고 끓이다가 닭가슴살을 넣고 삶아서 식힌 뒤 결대로 찢어
  놓는다.

2 볼에 드레싱 재료를 모두 넣고 설탕이 녹을 때까지 저은 뒤 냉장 보관한다.

3 수삼은 솔로 비벼 씻어 얇게 채 썰고, 대추는 돌려 깎아 씨를 제거하고 채 썬다.

4 오이와 사과는 껍질째 씻어서 수삼과 같은 크기로 채 썬다.

5 밤은 편으로 저며서 채 썰고, 곶감은 꼭지와 씨를 제거하고 채 썬다.

6 볼에 썰어 놓은 재료를 담고 드레싱 4~5큰술을 넣어 버무린다.

TIP

끓는 물에 닭가슴살을 삶아야 육즙이 보존되어 살이 퍽퍽하지 않다.

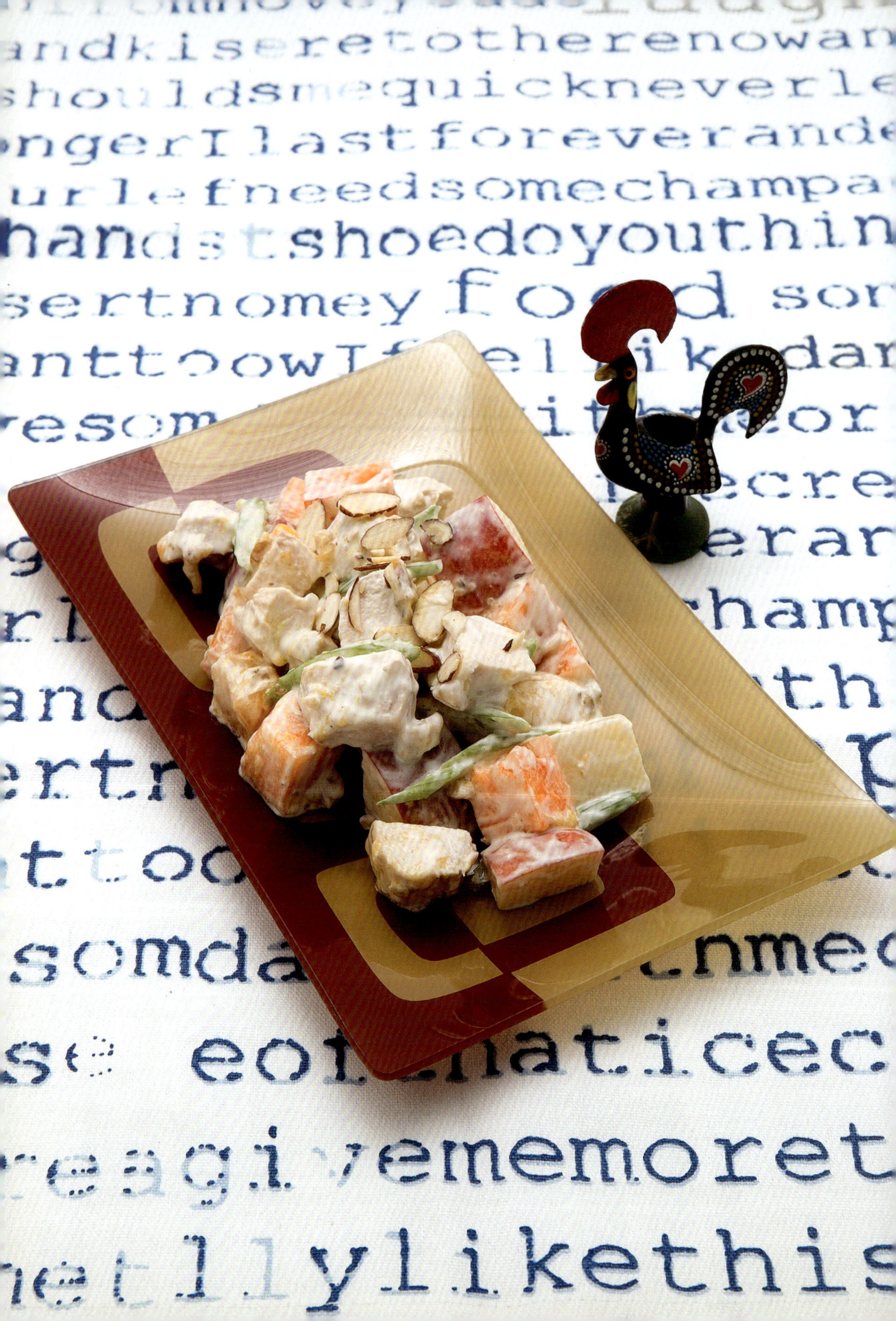

망고를 넣은 월도프 샐러드

사과와 셀러리의 아삭한 맛이 좋은 과일 샐러드

2인분

조리 시간
20분

칼로리
790

 재료

닭가슴살 1쪽(120g), 레몬 1조각, 배 1/2개, 망고 1/2개, 사과 1개, 셀러리 1/2대, 호두 40g, 아몬드 슬라이스 (장식용) 약간
드레싱 마요네즈 2큰술, 요거트 2큰술, 레몬즙 2큰술, 소금 약간

만드는 법

1 닭가슴살은 레몬 1조각을 넣은 끓는 물에 삶아서 건져 내어 찬물에 담가 식힌 뒤 사방 2.5㎝ 크기로 썬다.

2 배와 망고는 껍질을 깎아서 사방 2.5㎝ 크기로 썰고, 사과는 껍질째 씻어서 배와 같은 크기로 썬다.

3 셀러리는 어슷하게 슬라이스한다.

4 호두는 굵게 다진다.

5 볼에 1·2·3·4를 담고, 마요네즈·요거트·레몬즙을 넣고 버무린 뒤 소금으로 간한다.

카레 치킨 샐러드

카레와 닭고기의 맛과 영양의 조화

2인분

조리 시간
30분

칼로리
950

🍗 재료

닭가슴살 2쪽(240g), 레몬(슬라이스) 1조각, 소금·후추 약간, 청주 1큰술, 양파 1/4개, 셀러리 1/2대, 건포도 3큰술, 샐러드 채소 50g
카레 마요네즈 드레싱 카레 가루 1큰술, 마요네즈 6큰술, 화이트와인 비니거 3큰술, 설탕 1큰술, 소금·후추 약간

🍲 만드는 법

1 물에 레몬 1조각·소금·청주를 넣고 끓이다가 닭가슴살을 넣고 삶은 뒤 잘게 찢는다.

2 양파는 얇게 슬라이스하고, 셀러리는 다진다.

3 건포도는 물에 담가 30분간 불린다.

4 카레 가루·마요네즈·화이트와인 비니거·설탕·소금·후추를 볼에 넣어 잘 섞고,
  닭가슴살·양파·셀러리·건포도를 넣어 버무린다.

5 접시에 샐러드 채소를 놓고 그 위에 4의 카레 치킨을 듬뿍 올린다.

🥄 TIP
  샌드위치 속에 넣어도 잘 어울린다.

그릴 치킨 샐러드

구운 채소와 닭고기로 챙기는 건강 샐러드

2인분

조리 시간
30분

칼로리
1,413

 재료

닭가슴살 1쪽(120g), 로즈마리 1줄기, 화이트와인 1큰술, 올리브오일 1큰술, 소금·후추 약간
가지 1/2개, 애호박 1/2개, 양파 1/2개, 토마토 1/2개, 양송이버섯 4개, 파프리카(노랑·빨강) 각 1/4개,
올리브오일 4큰술, 소금·후추 약간, 샐러드 채소 30g, 루꼴라 20g, 발사믹 크림 약간
오일&비니거 드레싱 올리브오일 6큰술, 발사믹 식초 2큰술, 소금·후추 약간

 만드는 법

1 닭가슴살은 로즈마리, 화이트와인, 올리브오일, 소금, 후추를 뿌려 30분간 재운다.

2 분량의 재료를 섞어 드레싱을 만든다.

3 가지는 꼭지를 떼어 어슷 썰고, 애호박은 5㎝ 길이로 잘라 슬라이스한다.

4 양파·토마토·양송이버섯은 슬라이스하고, 파프리카는 2㎝ 넓이로 썬다.

5 그릴 팬에 올리브오일을 두른 뒤 3, 4의 채소를 놓고 소금과 후추를 뿌려 그릴 자국이
나도록 굽는다.

6 그릴 팬에 닭가슴살을 놓고 양면을 그릴 자국이 나도록 구운 뒤 불을 줄이고 뚜껑을 덮어
속까지 익힌다.

7 닭가슴살을 슬라이스한다.

8 접시에 루꼴라를 곁들인 샐러드 채소와 닭가슴살, 구운 채소를 담고 드레싱을 뿌려
낸다.

 TIP
취향에 따라 발사믹 크림을 뿌린다.

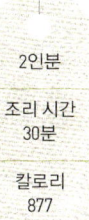

방방지 샐러드

고소한 맛이 매력적인 중국식 닭고기 냉채

 재료

닭가슴살 1쪽(120g), 마늘 1쪽, 생강 1/2톨, 청주 1큰술, 대파 1/4대, 오이 1/2개, 양장피 100g, 샐러드 채소 30g, 참기름 1/2큰술
피넛 드레싱 피넛 버터 1.5큰술, 간장 1큰술, 설탕 3큰술, 물 4큰술, 깨소금 1큰술, 고추기름 1/2작은술, 식초 4큰술, 다진 마늘 1/2작은술, 생강즙 1/2작은술

 만드는 법

1 볼에 드레싱 재료를 넣고 잘 섞어 차갑게 보관한다.

2 물에 마늘·생강·청주·대파를 넣고 끓어오르면 닭가슴살을 넣고 20분간 삶아 건져 식힌다.

3 오이는 반으로 잘라 방망이로 두드려 한입 크기로 만든다.

4 양장피는 한입 크기로 잘라 끓는 물에 삶은 뒤 찬물에 헹구어 물기를 빼고 참기름에 버무린다.

5 2의 닭가슴살을 방망이로 두드려 찢는다.

6 접시에 샐러드 채소·오이·양장피·닭가슴살을 담고, 먹기 전에 드레싱을 뿌린다.

 TIP

고기를 두드리면 근육이 파괴되어 부드러워진다.

코브 샐러드

쉬운 재료로 뚝딱 만들어 먹는 간단한 샐러드

2인분

조리 시간
30분

칼로리
1,252

재료

닭가슴살 1쪽(120g), 화이트와인 1큰술, 레몬 1조각, 햄 100g, 삶은 달걀 2개, 체더치즈(덩어리) 100g, 오이 1/2개, 토마토 1/2개, 아보카도 1/2개, 블랙 올리브 8~10개, 샐러드 채소 30g
크랜베리 드레싱 크랜베리(다진 것) 3큰술, 적양파(다진 것) 1큰술, 올리브오일 1/2컵, 발사믹 식초 4큰술, 디종 머스터드 1/2큰술, 설탕 1작은술, 소금·후추 약간

만드는 법

1 분량의 크랜베리 드레싱 재료를 한데 잘 섞어서 냉장 보관한다.

2 물에 화이트와인 1큰술과 레몬 1조각을 넣고 물이 끓어오르면 닭가슴살을 넣고 10분간 삶아 건져 내어 얼음물에 담가 식힌 뒤 사방 2㎝ 크기의 주사위 모양으로 썬다.

3 햄, 삶은 달걀, 체더치즈, 오이, 토마토, 아보카도는 2㎝ 크기의 주사위 모양으로 썰어 준비한다.

4 블랙 올리브는 슬라이스하고, 샐러드 채소는 한입 크기로 잘라 씻어 물기를 뺀다.

5 샐러드 채소는 드레싱의 1/3을 넣어 버무려 접시에 올리고, 주사위 모양으로 잘라 준비한 재료들을 색깔에 맞춰 담은 뒤 드레싱을 곁들인다.

닭고기 월남쌈

신선한 채소와 담백한 맛이 특징인 베트남 음식

2인분

조리 시간
30분

칼로리
1,266

재료

닭가슴살 2쪽(240g), 레몬 1조각, 청주 1큰술, 쌀국수 50g, 양상추 2장, 오이 1/2개, 당근 1/4개, 부추 약간,
라이스페이퍼 10장, 파인애플 1조각, 고수 약간
소스 스위트 칠리소스 3큰술, 플레인 요거트 1개, 피넛소스 3큰술

만드는 법

1 물에 레몬과 청주를 넣고 끓어오르면 닭가슴살을 삶아서 결대로 찢어 놓는다.

2 쌀국수를 데쳐서 찬물에 헹구어 체에 건져 둔다.

3 양상추 · 오이 · 당근은 가늘게 채 썰고, 부추는 오이와 같은 길이로 자른다.

4 파인애플을 먹기 좋은 크기로 썬다.

5 뜨거운 물에 라이스페이퍼를 담갔다가 부드러워지면 꺼낸다.

6 큰 접시에 라이스페이퍼를 펴고 1, 2, 3, 4의 재료를 올려 도르르 말아 낸다.

7 6에 칠리 소스 또는 피넛 소스와 요거트를 곁들인다.

TIP 가장 얇은 버미셀리를 사용할 때는 따뜻한 물에 담가서 부드러워지면 체에 건져 사용하면 좋다.

신선한 닭고기를 구입하는 방법

제조일을 확인한다

닭은 도계 후 8~24시간 안에 숙성이 완료된다. 포장육은 제조일과 유통
기한을 확인하고, 이왕이면 믿을 수 있는 제품을 고르는 것이 안전하다.
생후 1년 이내의 닭이 고기 맛과 육질이 가장 좋다.

손질 상태를 확인한다

목과 발, 내장 등이 완전히 제거되었는지 확인한다.

크림색이 도는지 확인한다

살빛이 분홍색을 띠고 전체적으로 크림색을 띠는 것이 신선하다. 색이
탁한 것은 얼었다 녹은 것이거나 오래된 것이며, 피멍이 들었거나 상처가
있는 것은 피한다.

껍질 상태를 확인한다

껍질이 제대로 붙어 있으면서 모공이 우둘우둘한 것이 신선한 것이다. 표면이 번질거리는 오래된 것은
피해야 한다.

손으로 들어서 무게를 느낀다

손으로 들었을 때 약간 묵직한 느낌이 드는 것이 좋으며, 손가락으로 살짝 눌렀을 때 살이 두툼하고
단단하며 적당한 탄력과 촉촉한 수분기가 느껴지는 것이 신선한 상품이다.

보관하기

닭고기는 수분 함량이 많아 부패 속도가 빠르므로 오래 보관하지 말고 조리해 먹는다. 보관할 때
지방이나 힘줄은 깔끔하게 제거하고, 뼈까지 발라 먹기 좋게 손질해
두면 편하다. 한 번 먹을 분량씩 밀폐용기나 지퍼백에 담아 냉동
보관한다. 해동은 냉장실에 두거나 밀봉한 채로 찬물에 담가 둔다.
닭고기는 되도록이면 급속 냉동하는 것이 좋은데, 이는 나중에
해동했을 때 육즙의 손실을 막기 위해서이다. 두꺼운 다리살은 미리
칼집을 넣어 얼린다.

닭의 영양성분

■ 영양성분

단백질	몸의 에너지원이 되고 근육·장기·피부 등의 신체 조직을 만드는 주요 성분. 체내의 대사를 담당하는 효소와 호르몬의 성분이 되며 에너지 산출에도 관여한다.
불포화지방산	쉽게 산화되지 않으며, 몸에 이로운 고밀도 콜레스테롤(HDL)을 상승시키고 혈관 벽을 깨끗하게 청소해 주므로 동맥경화 예방 효과가 있다. 하지만 과잉 섭취하면 좋은 콜레스테롤도 감소하고 만다. 오메가-3 지방산, EPA, DHA는 염증을 억제하고 암과 생활습관병 예방에 좋다.
비타민 A	피부와 점막을 보호하고 망막 색소의 성분으로서 눈의 건강을 유지한다.
비타민 B$_1$	탄수화물의 대사를 원활하게 하는 보조 효소로 작용하며 피로 물질을 처리한다.
비타민 B$_2$	피부와 점막을 보호하는 작용을 하여 '미용 비타민'이라고도 불린다.
비타민 B$_3$	알코올을 분해하는 작용을 하여 숙취 예방 효과가 있다.
비타민 B$_6$	단백질의 대사를 돕는다. 피부염 예방에 효과적인 것으로 알려져 있다.
비타민 C	적혈구의 생성을 도와 철의 공급만으로 개선되지 않는 빈혈을 예방한다.
비타민 E	콜라겐의 합성과 철의 흡수를 촉진하고 암을 예방한다.
비타민 K	혈액 응고와 칼슘 흡수를 촉진하여 골다공증을 예방한다.
마그네슘	뼈와 치아에 칼슘이 침착하는 것을 지원하고 근육의 수축을 원활하게 하고 혈압이 올랐을 때 저하시키는 등의 여러 가지 작용을 한다. 300종 이상이나 되는 체내 효소의 활성화를 촉진하고 신경의 전달을 정상적으로 유지하는 등 폭넓은 생리 작용을 담당한다.
칼륨	체내의 수분 균형을 조절하고 근육 운동을 원활하게 한다.
셀레늄	과산화지질 분해 효소의 성분이 되어 세포의 노화를 억제한다.
아연	단백질과 DNA의 합성을 지원하며 신진대사에 필수적이다.
철분	적혈구 안에 있는 헤모글로빈 생성의 중요한 요소. 헤모글로빈의 중심에서 산소를 운반하고, 세포에서 생성되는 노폐물(이산화탄소)를 다시 폐로 운반한다.
콜라겐	콜라겐은 동물의 뼈와 피부에 주로 존재하며, 연골·장기 막·머리카락 등에도 분포되어 있는 경단백질로, 물고기 비늘의 성분이기도 하다. 섬유상 고체로 존재한다.

■ 영양성분 비교(100g당)

자료 (주)하림

부위·종류	칼로리(kcal)	단백질(g)	지방(g)	탄수화물(g)
닭가슴살	109	23	1	0
닭다리살	121	21	17	0
돼지삼겹살	331	17	28	0.3
소고기	218	21	8	0.2
오리고기	318	16	28	0.1

누구나 좋아하는 국민 닭요리

Part
2

구이

허브 갈릭 치킨

구운 통닭이 그리워질 땐

2인분

조리 시간
50분

칼로리
1,493

 재료

통닭 1마리(600g), 귤 2개, 방울토마토 8개 **밑간** 타임 2줄기, 파슬리 · 오레가노 약간, 마늘 5~6쪽,
화이트와인 50㎖, 올리브오일 50㎖, 소금 · 후추 약간, 레몬 1/2개

 만드는 법

1 큰 볼에 타임 · 파슬리 · 오레가노 · 마늘 · 화이트와인 · 올리브오일 · 소금 · 후추 · 레몬
(슬라이스한 것)을 넣고 섞는다.

2 닭을 1의 볼에 넣고 골고루 비벼 1시간 이상 재운다.

3 귤은 반으로 자르고, 방울토마토는 씻는다.

4 2의 닭을 오븐 용기에 올려 200℃로 예열한 오븐에서 30분 굽고, 180℃로 온도를 줄여
마늘 · 방울토마토 · 귤을 넣고 10~15분 굽는다.

TIP
마늘과 토마토, 귤은 오븐 온도를 줄일 때 넣어야 타지 않고 적당히 익는다.

비어 치킨

캠핑 음식의 꽃

2인분

조리 시간
50분

칼로리
1,810

 재료

통닭 1마리(600g), 케이준 스파이스 1작은술, 파프리카 분말 1작은술, 올리브오일 2큰술, 다진 마늘 1작은술,
생강즙 1/2작은술, 소금 · 후추 약간, 고구마 1개, 감자 1개, 단호박 1/4개, 캔맥주 200㎖

 만드는 법

1 통닭은 속까지 깨끗이 씻어서 물기를 닦는다.

2 볼에 케이준 스파이스, 파프리카 분말, 올리브오일, 맥주 50㎖, 마늘, 생강즙, 소금,
후추를 넣고 섞는다.

3 2의 양념을 닭에 비비듯 발라 1시간 이상 재운다.

4 고구마 · 감자 · 단호박을 솔로 문질러 씻어서 손질한 뒤 사방 2.5㎝ 크기로 자른다.

5 스탠 컵 또는 오븐용 컵에 남은 맥주를 붓고 닭을 위에 얹고(몸통 안에 컵이 걸처 있으면
좋다), 가장자리에 손질한 채소를 놓는다.

6 5를 200℃로 예열한 오븐에 넣고 20분 구운 뒤, 뒤집어서 다시 20분 더 굽는다.

TIP

통닭은 오래 재울수록 간이 깊게 밴다. 캠핑 가기 전날 재워서 가져가면 바로 구워 먹을 수 있다.

탄두리 치킨

향신료와 요거트로 맛을 낸 인도의 전통 닭요리

2인분

조리 시간
50분

칼로리
792

 재료

닭다리 4조각, 토르티야 2장 **소스** 생강즙 1작은술, 양파즙 2큰술, 다진 마늘 1/2큰술, 청주 2큰술, 소금 약간, 후추 약간, 플레인 요거트 3큰술, 카레 가루 1큰술, 파프리카 분말 1큰술, 요리당 1/2작은술

 만드는 법

1 닭다리에 칼집을 넣는다.

2 분량의 소스 재료를 볼에 넣어 골고루 섞는다.

3 1의 닭다리를 2의 소스에 버무려 1시간 이상 재운다.

4 3을 200℃로 예열한 오븐에 20분 구워서 뒤집은 뒤, 오븐 온도를 180℃로 낮추어 10~15분 더 굽는다.

5 토르티야를 기름기 없는 팬에 살짝 구워 곁들인다.

 플레인 요거트를 곁들여 먹으면 잘 어울린다.

닭봉 구이

어른이나 아이 모두 좋아하는 요리

2인분

조리 시간
30분

칼로리
2,440

 재료

닭봉 12개, 청양고추 3개 **밑간** 간장 4큰술, 청주 2큰술, 설탕 2큰술, 다진 마늘 1/2큰술, 물 4큰술, 후추
약간

 만드는 법

1 닭봉을 깨끗이 씻어 물기를 없앤다.

2 청양고추를 송송 썬다.

3 볼에 밑간 재료를 모두 넣고 설탕이 녹을 때까지 섞은 뒤, 1의 닭봉을 30분 이상 재운다.

4 오븐용 팬에 3의 닭봉을 담아 180℃로 예열한 오븐에서 20분간 굽는다.

5 그릇에 담고 청양고추를 곁들인다.

 닭봉 만드는 법

닭날개는 운동량이 많은 부위이므로 탄력이 있고 단단하며 근육 색도 진하다. 껍질에는 지방이
많은 편이지만 고소한 맛이 나서 닭날개 튀김이나 뼈째로 오븐에 굽는 바비큐용으로 좋다.
닭날개를 손질할 때는 굵은 뼈 하나만 남기고 가는 뼈들은 모두 제거한다. 날개에 붙은 살은
칼집을 넣어서 껍질과 살을 한 덩어리로 만들어 뼈 끝에 뭉친다.

버팔로 윙

매콤 향긋한 맛이 좋은 닭날개 구이

2인분

조리 시간
30분

칼로리
984

 재료

닭날개 12개 **소스** 버터 30g, 타바스코 4큰술, 파프리카 분말 1작은술, 소금 1/2큰술, 후추 약간

 **만드는 법**

1 닭날개는 지방을 제거하고 깨끗이 씻어 물기를 없앤다.

2 전자레인지에 버터를 녹여 볼에 담은 뒤, 나머지 소스 재료를 한데 넣어 섞는다.

3 1의 닭날개를 2에 넣고 버무린다.

4 오븐을 200℃로 예열한 뒤, 오븐용 팬에 닭날개를 놓고 10분간 굽고, 뒤집어서 다시 10분 굽는다.

셀러리 스틱과 마요네즈를 함께 곁들이면 좋다.

2인분

조리 시간
20분

칼로리
880

치킨 데리야키

아이들 밥반찬이나 아빠 술안주로 안성맞춤

재료

닭다리살 2쪽(240g), 청주 2큰술, 생강즙 1작은술, 소금 · 후추 약간, 마늘 4~5쪽, 양파 1/2개, 쪽파 2~3대, 올리브오일 2큰술, 데리야키 소스(시판용) 6큰술, 요리당 1큰술

만드는 법

1 닭다리살은 기름기를 떼어낸 뒤, 청주 · 생강즙 · 소금 · 후추를 뿌려 30분간 재운다.

2 마늘은 편으로 썰고, 양파는 2×4㎝ 크기로 썬다. 쪽파는 4㎝ 길이로 썬다.

3 팬에 올리브오일 2큰술을 두르고, 닭다리살 · 마늘 · 양파 · 쪽파를 익힌다.

4 3의 닭고기를 뒤집어 데리야키 소스와 요리당 섞은 것을 익힌 면에 발라 중불로 줄여 2분간 굽는다.

5 다시 뒤집어 붓으로 소스를 바르고 2분 더 굽는다.

6 뚜껑을 덮고 약한 불로 줄여서 2~3분 정도 속까지 완전히 익도록 굽는다.

7 6에 다시 소스를 2~3회 발라 가며 굽는다.

TIP 데리야키 소스 만들기

재료 간장 1컵, 마른 표고버섯 2개, 대파 1/4개, 사과 1/4개, 양파 1/4개, 생강 1톨, 마늘 2쪽, 붉은 고추 1개, 설탕 3큰술, 물엿 3큰술, 정종 3큰술, 미림 3큰술, 가쓰오부시 5g

1 사과는 씻어 씨 부분을 제거하고, 양파 · 생강 · 마늘 · 대파는 다듬어 씻는다.

2 냄비에 가쓰오부시를 제외한 모든 재료를 넣고 끓인다.

3 끓기 시작하면 중불로 줄여 30~40분 조린다.

4 가쓰오부시를 넣고 불을 끄고 식힌다.

5 체에 거르고 병에 넣어 냉장 보관한다.

닭꼬치

집에서도 간단히 만들 수 있는 달콤한 일본식 꼬치 요리

2인분

조리 시간
30분

칼로리
457

재료

닭안심살 4쪽(150g), 대파(흰 부분) 2대, 식용유 혹은 올리브오일 2큰술, 데리야키 소스 4큰술

만드는 법

1 닭안심살을 2㎝ 크기로 자른다.

2 대파도 닭과 같은 길이로 자른다.

3 꼬치에 닭안심살과 대파를 한 개씩 번갈아 꽂는다.

4 팬에 기름을 두르고 3을 앞뒤로 익힌다.

5 4에 데리야키 소스를 조금씩 바르면서 앞뒤로 뒤집으며 굽는다.

소스를 여러 번 발라 가며 뒤집어 구워야 간이 잘 밴다. 닭가슴살, 다리살, 모래집, 껍질 등을 꼬치에 끼워 만들어도 좋다.

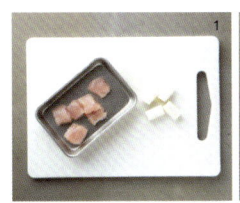

닭고기 마늘 양념 구이

향긋한 마늘 향이 더해진 부드러운 닭요리

2인분

조리 시간
40분

칼로리
984

 재료

닭다리살 2쪽(240g), 다진 마늘 2큰술, 밀가루 1/2컵, 식용유 2큰술
밑간 청주 3큰술, 소금 · 후추 약간
고추장 소스 고추장 2큰술, 설탕 1큰술, 간장 1큰술, 요리당 1큰술, 고춧가루 1큰술, 참기름 약간

 만드는 법

1 손질한 닭다리살을 밑간하여 30분간 재운다.

2 볼에 분량의 고추장 소스 재료를 넣고 잘 섞는다.

3 1의 닭다리살에 다진 마늘을 앞뒤로 골고루 바른 뒤 밀가루를 묻힌다.

4 프라이팬에 식용유를 두르고 3을 굽는다.

5 불을 줄이고 뚜껑을 덮어 닭다리살을 속까지 완전히 익힌 뒤, 2의 고추장 소스를 양면에
  발라 살짝 굽는다.

6 5를 먹기 좋은 크기로 자른다.

껍질 쪽부터 굽고 뒤집어야 맛있고 모양 좋게 구워진다.

치킨 사테

고소한 땅콩 소스의 맛이 매력적인 인도네시아 전통 꼬치 요리

2인분

조리 시간
30분

칼로리
997

 재료

닭안심살 10조각(300g), 올리브오일 2큰술
사테 소스 땅콩버터 100g, 청주 4큰술, 꿀 2큰술, 현미식초 2큰술, 올리브오일 2큰술, 참기름 1작은술, 간장 2큰술, 두반장 2작은술, 생강즙 1큰술

 만드는 법

1 분량의 재료를 섞어 사테 소스를 만든다.

2 대꼬치는 구울 때 타는 것을 방지하기 위해 물에 담가 둔다.

3 닭안심살을 씻어서 물기를 없앤 뒤, 2의 대꼬치에 끼운다.

4 팬에 올리브오일 1큰술을 두르고, 2의 꼬치를 올려 앞뒤로 2분씩 굽는다.

5 4에 1의 사테 소스를 앞뒤로 2~3회씩 발라 가며 굽는다.

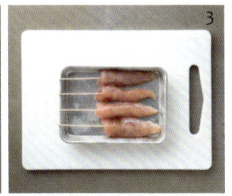

로제 소스 치킨 스테이크

상큼한 소스와 어우러지는 담백하고 매력적인 맛

2인분

조리 시간
40분

칼로리
1,117

 재료

닭가슴살 2쪽(240g), 화이트와인 2큰술, 소금·후추 약간, 시금치 50g, 올리브오일 3큰술, 중력분 1/4컵, 파르메산 치즈 가루 1/2큰술, 오레가노·바질 약간, 모차렐라 치즈 20g, 토마토소스(시판용) 200㎖, 생크림 50㎖

 만드는 법

1 닭가슴살은 한쪽 끝을 남기고 두께의 반으로 갈라 펼치고 방망이로 두드린다.

2 1의 닭가슴살에 화이트와인, 소금, 후추를 뿌려 30분간 재운다.

3 시금치는 잎만 떼어 깨끗이 씻은 뒤, 팬에 올리브오일 1큰술을 두르고 소금과 후추를 뿌려 살짝 볶는다.

4 볼에 중력분, 파르메산 치즈 가루, 오레가노, 바질, 소금, 후추를 넣고 섞는다.

5 닭가슴살 양면에 4를 고루 묻히고 3의 시금치를 넣어 접는다.

6 팬에 올리브오일 2큰술을 두르고 5를 넣어 양면을 노릇하게 굽는다.

7 6에 모차렐라 치즈를 뿌리고 180℃로 예열한 오븐에 넣어 10~12분간 속까지 익힌다. (오븐이 없는 경우 불을 줄이고 뚜껑을 덮어 속까지 익힌다.)

8 토마토소스와 생크림을 섞어 따뜻하게 데워서 7에 곁들인다.

 TIP

기호에 따라 발사믹 크림을 뿌려도 좋다.

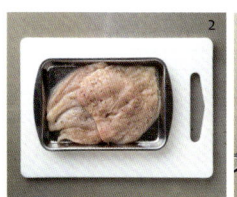

닭불고기

파인애플로 간을 하여 더욱 달콤한 불고기 요리

2인분

조리 시간
40분

칼로리
815

 재료

닭다리살 2조각(240g), 파인애플(슬라이스한 것) 2개, 씨겨자 2큰술, 양파 1/2개
양념 간장 4큰술, 요리당 1큰술, 설탕 1큰술, 참기름 1/2큰술, 다진 마늘 1큰술, 청주 1큰술, 후추 약간

 만드는 법

1 파인애플과 씨겨자를 믹서기에 갈아서 닭다리살에 발라 1시간 재운다.

2 볼에 분량의 양념 재료를 모두 넣고 섞는다.

3 양파는 얇게 채 썰어 찬물에 담갔다가 체에 건진다.

4 1의 닭다리살의 파인애플을 대충 훑어내고 먹기 좋은 크기로 슬라이스하여 2에 넣어
   재운다.

5 팬을 달구어 4의 닭다리살을 놓고 3~4분간 굽는다.

6 5에 3의 양파 채를 곁들여 완성한다.

 TIP
고기에 파인애플을 넣으면 단맛이 나고 육질이 부드러워진다. 또한 파인애플과 양송이를 함께
구워 곁들이면 잘 어울린다.

닭고기 부위별 특징

닭가슴살 · 안심살

살이 희고 지방이 적어 맛이 담백하다. 닭고기 부위 중에서 단백질이 가장 많고 지방이 가장 적다. 오래 가열하면 퍽퍽해지는 단점이 있다. 껍질을 제거하면 칼로리가 20% 정도 낮아지며 다이어트 식단에 좋다. 샐러드나 찜, 초무침 요리에 어울리며, 튀김이나 스테이크로도 좋다. 고기 표면에 광택이 나면서 연한 분홍색이 도는 것이 신선하다. 포장 용기 안에 물이 고여 있는 것은 오래된 것이다.

다리살(정육)

운동량이 많은 부위로 근육 조직이 단단하다. 지방이 적당히 들어 있어 감칠맛이 나며, 오래 가열해도 살이 부드러워서 찜 · 구이 · 튀김 · 볶음 등 다양하게 요리할 수 있다.

닭다리(북채)

다리살 아랫부분으로, 모양이 북채와 비슷하다. 운동량이 가장 많은 부위라서 육질이 단단하고 지방이 적당히 들어 있다. 질감이 쫄깃하며 특유의 감칠맛이 있어 닭고기 부위 중에서 인기가 많다. 껍질을 벗겨 내면 칼로리가 낮아지므로 다이어트 중인 사람도 즐겨 먹을 수 있다. 모양이 예뻐서 뼈가 있는 상태로 요리한다.

닭봉

닭의 날개와 몸통 사이에 있는 부위로 뼈가 하나만 있고 비교적 살이 많아 작은 닭다리와 비슷하다. 맛이 날개와 다리의 중간쯤 되고 크기도 적당하여 어린이 간식 재료로 좋다. 외국에서는 날개 부위로 간주한다. 버팔로 윙은 원래는 닭날개와 닭봉을 함께 쓰는 요리이다.

닭날개

지방이 다른 부위보다 많지만 비타민 A와 콜라겐 성분이 풍부하여 피부 미용에도 좋으며, 질감이 쫄깃하여 특히 맛있는 부위다. 그대로 요리하거나 뼈를 발라낸 뒤 모양을 살려 튀김 요리에 많이 사용하며, 국물이 진하게 우러나므로 조림이나 수프에 주로 쓴다.

닭발

말 그대로 발 부위. 살만 발라내 쓰기도 하고 뼈가 있는 상태로 요리하기도 한다. 질감이 쫀득쫀득하고 풍미가 있어 술 안주거리로 좋다. 주로 볶음 요리로 활용하며, 진한 닭국물을 많이 낼 때 재료로 이용된다. 다른 부위에 비해 손질이 까다로운데, 요리하기 좋게 손질한 제품이 유통되고 있다.

닭모래집

닭똥집이라고도 불리는 모래집은 위를 둘러싸고 있는 근육으로, 일정 부분이 청색을 띠고 있는 것이 신선한 것이다. 주로 볶음이나 조림, 구이 등으로 요리하며, 단순히 삶거나 볶아서 소금만 찍어 먹어도 맛있게 먹을 수 있고 쫄깃하게 씹히는 맛이 술안주로 좋다.

닭껍질

콜라겐·비타민·단백질이 많은 부위로, 맛이 매우 고소하고 질감이 쫄깃하고 부드럽다. 살코기에 비해 지방이 많이 붙어 있어 도려 내는 경우가 많지만 껍질 아래 지방을 잘 제거하면 훌륭한 요리 재료가 된다. 무침, 조림, 꼬치구이 등에 쓰인다.

염통

염통 부위에는 철분이 많이 들어 있어 빈혈 예방에 도움이 된다. 질감이 쫄깃하고 맛이 담백하여 꼬치구이, 튀김, 볶음 요리에 어울린다. 염통을 둘러싼 기름기와 힘줄을 제거하여 손질하는 것이 포인트.

닭간

다른 동물의 간과 마찬가지로, 비타민류와 무기질이 농축되어 있다. 모래집, 염통과 함께 내장 볶음 요리를 만들 수 있다.

자료 (주)하림

누구나 좋아하는 국민 닭요리

튀
김

허니 마요 닭강정

아이들 간식으로 좋은 새콤달콤 튀김 요리

2인분

조리 시간
40분

칼로리
1,207

 재료

닭가슴살 3쪽(300g), 튀김가루 1컵, 물 1.5컵, 튀김용 기름 적당량
밑간 생강즙 약간, 다진 마늘 약간, 청주 1큰술, 간장 1큰술, 후추 약간
허니 마요네즈 소스 올리브오일 2큰술, 다진 마늘 1/2큰술, 요리당 4큰술, 청주 2큰술, 마요네즈 6큰술,
레몬즙 4큰술, 검은깨 약간

 만드는 법

1 손질한 닭가슴살을 먹기 좋은 크기로 잘라 30분간 밑간한다.

2 팬에 허니 마요네즈 소스 재료를 모두 넣고 약한 불에 살짝 끓인다.

3 튀김가루와 찬물을 섞어 튀김 반죽을 만든다.

4 1의 닭가슴살에 생긴 물기를 빼 버리고 튀김 반죽을 골고루 묻힌다.

5 4를 170℃ 기름에 노릇노릇하게 튀긴다.

6 튀긴 닭가슴살을 허니 마요네즈 소스에 넣고 버무린다.

깐풍기

고추 향이 어우러진 매콤달콤한 바삭한 튀김 요리

2인분

조리 시간
30분

칼로리
1,008

 재료

닭안심살 300g, 감자 전분 1컵, 물 1컵, 달걀 1/2개, 마른 고추 5개, 파 1/2대, 마늘(다진 것) 1큰술, 튀김용
기름 적당량, 식용유 2큰술
밑간 청주 1작은술, 간장 1작은술
소스 간장 2큰술, 청주 3큰술, 설탕 1큰술, 식초 2큰술, 후추 약간, 참기름 1작은술

 만드는 법

1 닭안심살을 한입 크기로 썰어 청주와 간장으로 밑간하여 30분간 재운다.

2 감자 전분에 물 1컵을 넣어 불린 뒤 달걀을 섞어 튀김 반죽을 만든다.

3 분량의 재료를 섞어 소스를 만든다.

4 닭고기에 2의 튀김 반죽을 묻혀 180℃에서 튀긴다.

5 마른 고추는 씨를 빼낸 뒤 잘게 썰고, 파도 잘게 썬다. 마늘은 잘게 다진다.

6 팬에 식용유를 2큰술 두르고 5를 넣고 볶아 향을 낸다.

7 6에 3의 소스를 넣고 끓어오르면 튀긴 닭을 넣어 고루 섞는다.

 깐풍기는 국물이 없고, 라조기는 육수를 부어 끈적한 국물이 있다.

레몬 치킨

레몬 향이 상큼한 홍콩 스타일 요리

2인분

조리 시간
30분

칼로리
1,278

 재료

닭안심살 8쪽, 소금·후추 약간, 시치미 약간, 청주 또는 화이트와인 1큰술, 레몬 2조각, 설탕 약간,
튀김가루 125g, 물 180㎖, 튀김용 기름 적당량
오렌지 레몬 소스 오렌지 주스 400㎖, 레몬 주스 200㎖, 설탕 2큰술, 생크림 100㎖, 레몬 필 1큰술,
소금·후추 약간, 물녹말(녹말가루 2큰술 + 물 2큰술)

 만드는 법

밑준비

1 닭안심살에 소금, 후추, 시치미, 청주를 뿌려 30분간 재워 둔다.

2 레몬 조각은 설탕을 묻혀 팬에 갈색이 나도록 굽는다.

3 오렌지 레몬 소스 재료에서 물녹말을 제외한 모든 재료를 소스 팬에 넣고 4~5분간
   끓인다.

4 3의 불을 줄이고 물녹말을 조금씩 넣어 농도를 맞추고, 소금·후추로 간한다.

5 튀김가루와 찬물을 섞어 튀김 반죽을 만든다.

6 닭안심살에 밀가루를 묻히고 튀김 반죽을 입혀 170℃ 기름에 노릇하게 튀긴다.

7 그릇에 소스를 담고 튀긴 안심살과 구운 레몬을 올린다.

TIP

튀김 반죽은 얼음물과 같은 찬물을 넣어야 바삭하게 튀겨진다.

레몬 필은 레몬을 소금으로 문질러 씻은 뒤 필러로 껍질을 벗긴 것이다.

양념치킨

온 가족이 좋아하는 닭 요리

4인분

조리 시간
40분

칼로리
1,645

재료

튀김용 닭 1마리(600g), 튀김가루 1컵, 치킨용 튀김가루 250g, 물 350㎖, 튀김용 기름 적당량, 아몬드 슬라이스(장식용) 약간
밑간 청주 3큰술, 간장 1큰술, 생강즙 1작은술, 소금 · 후추 약간
양념치킨 소스 간장 2큰술, 고추장 2큰술, 딸기잼 2큰술, 케첩 2큰술, 식초 1큰술, 타바스코 약간, 다진 양파 3큰술, 다진 마늘 1작은술

만드는 법

1 튀김용(또는 볶음용)으로 잘라 놓은 닭을 씻어 물기를 없앤 뒤 밑간한다.

2 팬에 양념치킨 소스 재료를 모두 넣고 끓인다.

3 치킨용 튀김가루와 찬물을 섞어 튀김 반죽을 만든다.

4 닭고기에 튀김가루를 조금 뿌려 겉면에 묻히고 튀김 반죽을 입혀 170℃ 기름에 노릇하게 튀긴다.

5 4를 2의 양념 소스에 넣고 버무린다.

TIP
고기를 부드럽게 하려면 우유, 소금, 후추, 청주에 재운다.

프라이드 치킨

남녀노소 좋아하는 닭 요리

2~4인분

조리 시간
30분

칼로리
1,495

 재료

통닭 1마리(600g), 치킨용 튀김가루 250g, 물 350㎖, 튀김용 기름 적당량
재우는 소스 간장 1큰술, 굴소스 1작은술, 생강즙 1작은술, 다진 마늘 1큰술, 청주 1큰술, 소금 1/2작은술,
참기름 1작은술, 후추 약간

 만드는 법

1 튀김용으로 잘라 놓은 닭을 씻어 물기를 없애고 두꺼운 부분에 칼집을 넣는다.

2 1의 닭에 소스 재료를 섞어 1시간 이상 재운다.

3 튀김가루와 찬물을 섞어 튀김 반죽을 만든다.

4 2의 겉면에 튀김가루를 살짝 뿌려 묻힌 뒤 튀김 반죽을 입힌다.

5 4를 170℃의 기름에 튀긴 뒤 한 번 더 튀긴다.

파닭

바삭한 튀김과 영양이 풍부한 파의 만남

2~4인분

조리 시간
40분

칼로리
1,508

 재료

튀김용 닭 1마리(600g), 대파 1대, 치킨용 튀김가루 250g, 물 350㎖, 튀김용 기름 적당량
밑간 청주 1/2컵, 생강즙 약간, 소금·후추 약간, 간장 2큰술
간장 소스 다진 마늘 1/2큰술, 간장 3큰술, 물 3큰술, 식초 2큰술, 레몬즙 1큰술, 설탕 2큰술, 요리당 2큰술, 미림 2큰술

 만드는 법

1 튀김용으로 잘라 놓은 닭을 씻어 물기를 없앤 뒤 30분간 밑간한다.

2 대파는 채 썰어 찬물에 담갔다가 건져 놓는다.

3 볼에 간장 소스 재료를 넣고 잘 섞는다.

4 닭고기에 튀김가루를 살짝 뿌려 겉면에 묻히고 치킨용 튀김가루와 찬물을 섞어 만든
  튀김 반죽을 입힌다.

5 1의 닭에 튀김 반죽을 묻혀서 170℃ 기름에 튀긴다.

6 5를 그릇에 담은 뒤 간장 소스를 붓고 파채를 올린다.

유린기

고추가 듬뿍 들어 매콤한 요리

2인분

조리 시간
40분

칼로리
1,052

재료

닭다리살 2쪽(300g), 양상추 2~3잎, 불린 녹말(감자 전분 1컵+물 1컵), 달걀 흰자 1개, 대파 1/4대, 튀김용 기름 적당량

밑간 청주 2큰술, 생강즙 1작은술, 소금·후추 약간

소스 대파(다진 것) 2큰술, 고추(청·홍) 1/2개, 간장 2큰술, 물 50㎖, 식초 2큰술, 설탕 2큰술, 레몬즙 1큰술, 마늘(다진 것) 1작은술, 청양고추(다진 것) 1개, 참기름 1작은술

만드는 법

1 닭다리살은 지방과 껍질을 손질하고 칼집을 넣은 뒤 청주·생강즙·소금·후추로 밑간한다.

2 양상추는 먹기 좋은 크기로 잘라 물기를 제거하고, 고추는 다진다.

3 대파는 채 썰어 찬물에 담갔다가 체에 건진다.

4 불린 녹말과 달걀 흰자로 튀김 반죽을 만들어 1의 닭다리살에 묻히고, 170℃ 기름에 넣어 튀긴다.

5 볼에 소스 재료를 모두 넣어 섞는다.

6 접시에 양상추를 깔고, 튀긴 닭고기를 먹기 좋게 잘라 놓고 소스를 뿌린 뒤 대파 채를 올린다.

TIP
불린 녹말은 감자 전분과 물을 1:1의 비율로 섞어 가만히 두었다가 윗물을 버리고 남은 것이다.

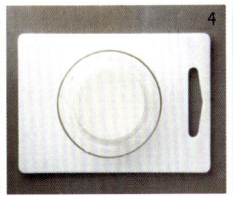

치킨 가라아게

바삭한 맛이 매력적인 일본식 닭튀김

2인분

조리 시간
30분

칼로리
935

 재료

닭다리살 2쪽(300g), 감자 전분 1/2컵, 치킨용 튀김가루 1/2컵, 튀김용 기름 적당량
밑간 간장 2큰술, 청주 2큰술, 다진 마늘 1/2큰술, 설탕 1/2큰술, 생강즙 1작은술, 소금 · 후추 약간

 만드는 법

1   손질한 닭다리살을 한입 크기로 잘라 밑간하여 30분간 재운다.

2   감자 전분과 치킨용 튀김가루를 잘 섞어 튀김옷을 만든다.

3   1의 닭고기에서 나온 국물을 따라 버린 뒤 튀김옷을 골고루 묻힌다.

4   170℃ 기름에 노릇노릇하게 튀긴다.

TIP
가라아게는 물을 섞은 반죽이 아닌 가루만 묻혀 튀긴 음식이다.

크런치 치킨 텐더

바삭한 튀김옷의 식감이 좋아 아이들 간식으로 안성맞춤

2인분

조리 시간
30분

칼로리
1,035

 재료

닭안심살 300g, 소금·후추 약간, 화이트와인 2큰술, 제크 크래커 1봉, 콘플레이크 1/2컵, 빵가루 1컵, 달걀 1개, 밀가루 1/2컵

 만드는 법

1 닭안심살을 손질하여 비스듬히 반으로 잘라, 소금·후추·화이트와인에 재운다.

2 제크 크래커와 콘플레이크를 푸드 프로세서에 갈아서 빵가루와 섞어 튀김옷을 만든다.

3 볼에 달걀을 푼다.

4 1의 닭안심살에 밀가루를 묻힌 뒤, 달걀에 담갔다가 건져서 튀김옷을 묻힌다.

5 170℃ 기름에 바삭하게 튀긴다.

 TIP

허니 머스터드 혹은 바비큐 소스, 스위트 칠리 소스 등을 곁들인다.

치킨 파르메산

속이 든든한 한 끼 식사

2인분

조리 시간
30분

칼로리
1,683

 재료

닭가슴살 2조각(250g), 올리브오일 5~6큰술, 모차렐라 치즈 40g
재우는 소스 우유 200㎖, 화이트와인 2큰술, 소금·후추 약간
튀김옷 빵가루 100g, 파르메산 치즈 가루 40g
소스 토마토소스(시판용) 1.5컵, 생크림 1/2컵

 만드는 법

1 닭가슴살은 껍질과 지방을 제거하여 앞뒤로 두드려 얇게 편 뒤,
   우유·화이트와인·소금·후추를 넣고 1시간 이상 재운다.

2 빵가루와 파르메산 치즈 가루를 섞어 1의 닭고기 양면에 고루 묻힌다.

3 팬에 올리브오일을 넉넉히 두르고 2의 닭고기를 앞뒤로 노릇하게 구운 뒤 모차렐라
   치즈를 뿌려 180℃ 오븐에서 10분간 굽는다.

4 접시에 3을 담고 소스 팬에 토마토소스와 생크림을 데워 뿌린다.

 TIP

사이드 메뉴로 메시드 포테이토, 그린 샐러드, 콩 샐러드 등이 어울린다.

치킨 스프링롤

집들이나 손님 초대 요리로 어울리는 요리

2인분

조리 시간
30분

칼로리
582

 **재료**

닭안심살(또는 가슴살) 180g, 표고버섯 30g, 양파 40g, 죽순 40g, 부추 20g, 쪽파 20g, 스프링롤 피 8~10장, 튀김용 기름 적당량
소스 청주 1큰술, 굴소스 2큰술, 생강즙 1작은술, 다진 마늘 1/2큰술, 후추 약간

 **만드는 법**

1 닭안심살은 지방을 제거한 뒤 사방 1㎝ 크기로 썬다.

2 표고버섯 · 양파 · 죽순은 0.5㎝ 크기로 썬다.

3 부추와 쪽파는 씻어 물기를 제거하고 0.3㎝ 두께로 송송 썬다.

4 볼에 1~3까지의 재료와 소스를 넣고 버무려 소를 만든다.

5 도마나 접시에 스프링롤 피를 마름모 모양으로 펴 놓고 40g 정도의 소를 넣어 세로 방향으로 접고 가장자리를 접는다.

6 붓에 물을 묻혀 스프링롤 피 끝에 발라 도르르 만다.

7 6을 170℃ 기름에서 3분간 튀긴다.

TIP
스위트 칠리 소스가 잘 어울린다. 미리 만들어 냉동실에 넣어 두었다가 쓰면 좋다.

닭고기 누린내를 제거하는 방법

닭은 요리 종류가 다양하고 맛도 좋지만 특유의 냄새가 있다. 요리를 잘하는 비결은 고기 특유의 누린내를 없애는 데 있다.

레몬을 넣고 삶는다

닭고기와 레몬을 냄비에 같이 넣고 끓이면 고기 특유의 냄새가 없어지고 맛이 살아난다. 물에 레몬 1조각을 넣고 끓어오르면 닭고기를 넣고 20분간 삶거나 레몬 1/2개를 즙을 내어 뿌린 뒤 30분 이상 재운다.

우유에 담가 둔다

우유는 동물의 간 요리를 할 때 냄새를 없애기 위해 많이 이용한다. 닭고기에 우유 3/4컵을 부어 30분 정도 재우고 후춧가루를 함께 쓰면 더욱 좋다.

화이트와인 · 청주를 뿌린다

닭 한 마리에 화이트와인을 3큰술가량 넣고 30분 이상 재우면 잡냄새를 잡을 수 있다. 화이트와인은 쇠고기 특유의 잡냄새도 없애 준다.

닭요리에 주로 쓰는 향신료

케이준 스파이스

마늘, 양파, 후추를 섞어 독특한 향기와 매콤한 맛이 나는 향신료. 밀기루와 섞어 튀김옷을 만들거나 볶음밥, 스튜 등을 만들 때 넣는다. 우리나라에는 케이준 치킨 샐러드를 통해 알려졌다.

오레가노

달콤한 향과 톡 쏘는 맛이 식욕을 돋운다. 육류 요리, 토마토소스, 치즈, 파스타 재료로 쓰인다. 진통 억제, 방부, 소화 작용이 있다. 숙면을 취하는 데 좋고 류머티즘 개선 효과가 있다.

월계수 잎

알싸하고 향긋한 향이 입맛을 돋우고 육류의 누린내를 없애는 효과가 커서 고기 요리를 준비하는
단계에서 많이 쓰인다. 곡물을 저장할 때 함께 보관하면 벌레가 생기는 것을 방지할 수 있다.

강황

카레의 원료. 생강에 비해 매운맛이 적고 쓴맛이 강하며 후추와 비슷한 향이 난다. 노란색 커큐민 색소는
황산화 물질로, 세포의 산화 방지, 염증 감소, 치매 예방, 혈당 조절 효과가 있다.

바질

달콤하며 약간 톡 쏘는 듯한 맛이 난다. 생잎이나 말린 잎을 고기 · 생선 · 샐러드 · 소스 등의 맛을 내는 데
쓴다. 잎으로 만든 차는 흥분제 역할을 한다.

파프리카 분말

파프리카를 말려서 매운맛이 나는 씨를 제거하고 분말로 만들어 사용하는데, 카옌 후추보다 덜 맵고 맛이
좋으며 옅은 향기가 자극적이다. 유럽 각지에서 고기 요리, 채소 요리, 오믈렛, 과자의 향신료로 많이 쓴다.

케이준 스파이스

오레가노

월계수 잎

강황 가루

바질

파프리카 분말

누구나 좋아하는 국민 닭요리

볶음·조림

닭볶음탕

밥 한 끼 뚝딱 해치우는 매콤한 건강 닭요리

4인분

조리 시간
40분

칼로리
2,133

재료

중닭 1마리(800g), 양파 1개, 당근 1/2개, 감자 2개, 표고버섯 2개, 생강 1쪽, 마늘 4쪽, 마른 고추 2개,
식용유 2큰술, 대파 1대
양념 고춧가루 1큰술, 물 1컵, 청주 1큰술, 설탕 2큰술, 간장 3큰술, 고추장 2큰술, 참기름 1작은술,
소금·후추 약간

만드는 법

1 볶음용으로 토막 낸 닭고기를 깨끗이 씻어서 지방을 떼어 낸다.

2 손질한 양파는 3cm 크기로 썰고, 당근과 감자도 양파와 같은 크기로 썬 뒤, 작은 칼로
각진 부분을 둥글린다.

3 표고버섯은 기둥을 떼고 반으로 어슷하게 썬다.

4 생강과 마늘은 얇게 슬라이스하고, 마른 고추는 2cm 크기로 잘라 씨를 털어 낸다.

5 냄비에 식용유를 두르고, 생강·마늘·마른 고추를 넣고 볶다가 1의 닭고기를 넣는다.

6 5에 고춧가루를 넣고 타지 않을 정도로 볶다가 물을 붓고 손질한 채소를 넣고 센 불에서
끓인다. 청주를 넣고 10분 정도 더 끓인다.

7 6에 설탕·간장·고추장을 넣은 뒤, 중간 불에서 뚜껑을 열고 조린다.

8 국물이 자작해지면 대파를 어슷하게 썰어 넣고, 참기름·소금·후추로 간한다.

TIP

고구마·단호박·밤 등을 넣으면 단맛이 더 나는 볶음탕이 된다. 닭을 데쳐서 사용하면 기름기가
적다.

콜라 찜닭

콜라와 간장으로 만드는 간단한 닭요리

4인분

조리 시간
30분

칼로리
2,323

재료

중닭 1마리(800g), 우유 200㎖, 당면 80g, 양파 1개, 당근 1/2개, 감자 2개, 청양고추 2개, 붉은 고추 1개, 파 1대, 생강 1쪽, 마늘 4쪽, 식용유 2큰술
양념 콜라 350㎖, 간장 3큰술, 후추 약간

만드는 법

1 닭을 우유에 30분간 재웠다가 끓는 물에 데쳐 건진다.

2 당면을 물에 불려서 7분간 삶아 건져 둔다.

3 양파 · 당근 · 감자는 적당한 크기로 썰고, 고추와 파는 어슷 썬다.

4 생강과 마늘은 편으로 썬다.

5 팬에 식용유를 두르고 고추 · 생강 · 마늘과 1의 닭을 볶다가 콜라를 넣고 끓인다.

6 5에 3의 채소를 넣고 같이 끓인다.

7 6에 당면을 넣고 조려 마무리한다.

콜라의 단맛이 강하므로 설탕을 넣지 않아도 된다. 연육 작용을 하는 콜라를 사용하면 양념이 많이 필요하지 않아 눌러 가서 해 먹기 좋은 요리다.

닭갈비

여러 가지 채소와 고구마의 단맛이 조화롭게

2인분

조리 시간
30분

칼로리
1,120

 재료

닭다리살(또는 가슴살) 2쪽(250~300g), 고구마 1/2개, 떡볶이 떡 8~10개, 양파 1/2개, 대파 1/2대, 붉은 고추 1개, 청양고추 1개, 표고버섯 2개, 물 1/2컵, 식용유 2큰술
양념장 고추장 2큰술, 간장 1/2큰술, 고춧가루 1/2큰술, 다진 마늘 1/2큰술, 생강즙 1/2작은술, 설탕 1큰술, 청주 1큰술, 후추 · 참기름 약간

 만드는 법

1 닭고기는 한입 크기로 먹기 좋게 자른다.

2 고구마는 껍질을 벗겨 닭과 비슷한 크기로 썬다.

3 떡볶이 떡은 하나씩 뗀 뒤 물에 담가 준비한다.

4 양파는 3×4㎝ 크기로 굵직하게 썰고, 대파와 고추는 어슷하게 썰어 씨를 뺀다.
  표고버섯은 기둥을 떼고 굵직하게 썬다.

5 분량의 재료를 잘 섞어서 양념장을 만든다.

6 1의 닭고기에 양념장의 1/2을 넣고 주물러 양념이 잘 배도록 한다.

7 식용유를 두른 팬에 고구마를 넣고 볶다가 어느 정도 익으면, 양파 · 대파 · 고추 ·
  표고버섯을 넣고 볶는다.

8 7에 양념한 닭고기를 넣고 볶다가 고기가 어느 정도 익으면 남은 양념과 떡볶이 떡, 물을
  넣고 자작하게 볶는다.

 TIP

취향에 따라 닭다리살이나 가슴살을 골라서 쓰거나 섞어서 사용한다. 고구마는 전자레인지에
2~3분 돌린 뒤 넣으면 금방 익는다. 고구마 대신 양배추나 감자를 넣어도 잘 어울린다.

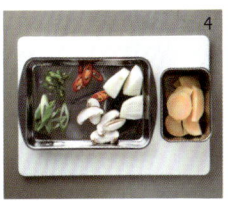

꼬꼬뱅

와인을 넣어 만드는 전통 프랑스식 대표 닭요리

4인분

조리 시간
60분

칼로리
2,320

재료

닭 1마리(800g), 양파 1개, 마늘 4쪽, 양송이버섯 8개, 올리브오일 2큰술, 베이컨 4장, 브랜디 2큰술, 부케가르니 1묶음(타임 1줄기, 월계수 잎 1장, 셀러리 1/4대, 파슬리대 2개, 대파 1/4대, 닭 육수 300㎖, 레드와인 250㎖, 버터 2큰술, 밀가루 2큰술, 소금·후추 약간

만드는 법

1 찜용으로 토막 낸 닭고기를 깨끗이 씻어서 지방을 떼어 낸다.

2 양파와 마늘은 잘게 다지고, 양송이버섯은 반으로 자른다.

3 타임 1줄기, 월계수 잎 1장, 셀러리 1/4대, 파슬리대 2개, 대파 1/4대를 묶어 부케가르니를 만든다.

4 팬에 올리브오일을 두르고 베이컨과 닭고기를 넣고, 브랜디를 뿌려 볶는다.

5 4에 양파·마늘·부케가르니를 넣고 볶다가 닭 육수(p.166 참고)와 레드와인을 넣고 40분간 끓인다.

6 전자레인지에 녹인 버터에 밀가루를 섞어 5에 넣은 뒤 저어 가며 끓인다.

7 소금과 후추로 간을 맞춘다.

TIP

부케가르니 : 타임, 월계수 잎, 셀러리, 파슬리 등을 묶어 만든 것으로, 스톡이나 소스 등의 향을 내거나 잡내를 제거하는 데 사용된다.

치킨 스튜

부드럽고 뜨끈한 맛이 일품

 재료

닭가슴살 4쪽(500g), 감자 2개, 당근 1/2개, 양파 1개, 양송이버섯 6개, 셀러리 1/2대, 마늘 4쪽, 브로콜리 1/2송이, 올리브오일 2큰술, 밀가루 2큰술, 닭 육수 2컵, 소금·후추 약간, 월계수 잎 1장, 우유 1/2컵, 생크림 1/2컵

향신 재료 타임 1/8작은술, 오레가노 1/8작은술, 바질 1/4작은술

 만드는 법

1 닭가슴살은 사방 4cm 크기로 썬다.

2 감자·당근·양파도 닭고기와 같은 크기로 썰고, 양송이버섯은 반으로 자른다.

3 셀러리는 어슷 썰고, 마늘과 생강은 편으로 썬다.

4 브로콜리는 작은 송이로 잘라 소금을 넣은 끓는 물에 데쳐 건진다.

5 속이 깊은 냄비에 올리브오일을 넣고 손질한 닭가슴살과 마늘을 넣어 볶는다.

6 겉면이 익으면 감자·당근·셀러리·양파 순으로 넣고, 소금과 후추를 뿌려 볶는다.

7 6에 밀가루를 살살 뿌려 볶다가 닭 육수를 붓고 월계수 잎을 넣어 중불에서 30분간 뭉근하게 끓인다.

8 우유·생크림·양송이버섯·향신 재료를 넣어 10분 더 끓인 뒤, 4의 브로콜리를 넣고 한소끔 끓여 소금과 후추로 간한다.

빵이나 밥을 곁들여 먹는다.

라즈지

얼얼하고 매콤한 중국식 사천 요리

2인분

조리 시간
20분

칼로리
1,275

 재료

닭날개 12개, 소금 1/2작은술, 대파 50g, 생강 10g, 마늘 2쪽, 마른 고추 80g, 고추기름 3큰술, 산초 가루 20g, 설탕 1큰술, 청주 30㎖, 튀김용 기름 적당량

 만드는 법

1 닭날개를 2~3등분한 뒤 소금을 뿌리고 간이 잘 배도록 버무린다.

2 대파는 송송 썰고, 생강과 마늘은 편으로 썬다.

3 고추는 꼭지를 떼고 가위를 이용하여 1.5㎝ 길이로 자른다.

4 1의 닭날개를 170℃ 기름에 튀긴다.

5 팬에 고추기름을 두르고, 대파·생강·마늘·고추·산초 가루를 넣고 볶는다.

6 5에 4의 닭날개를 넣고, 설탕과 청주를 함께 넣고 재빨리 볶는다.

 TIP

닭날개를 자를 때는 큰 중국식 칼을 사용한다. 손질하기 어려울 때는 닭날개를 그대로 사용한다.

궁보계정

부드러운 닭고기와 땅콩의 바삭함이 잘 어울리는 유명 중국 요리

🐚 재료

닭안심살 200g, 대파(흰 부분) 1/4대(30g), 양파 1/4개, 죽순 30g, 붉은 고추(말린 것) 3개, 식용유 2큰술,
땅콩 혹은 캐슈넛 1/2컵, 튀김용 기름 적당량
닭고기 밑간 청주 1/2큰술, 간장 1큰술, 녹말가루 2작은술
소스 청주 1/2큰술, 간장 2큰술, 물 3큰술, 설탕 1작은술, 식초 1큰술, 녹말가루 2작은술

🍲 만드는 법

1 닭안심살을 2㎝ 길이로 자른 뒤 여러 번 주물러 간이 배게 한다.

2 대파는 1㎝ 두께의 반달 모양으로 썬다.

3 양파와 죽순도 대파 크기로 썰고, 고추는 1㎝ 두께로 잘라 씨를 털어 낸다.

4 튀김팬에 식용유를 넣고 1의 닭안심살을 반쯤 익히듯 살짝 튀긴다.

5 땅콩은 노릇하게 튀긴다.

6 팬에 식용유를 두르고 대파와 고추를 넣어 향을 낸다.

7 6에 양파와 죽순을 넣어 볶다가 4의 닭안심살과 소스를 넣어 볶은 뒤 땅콩을 넣어
  마무리한다.

🥄 TIP

냉동 꽃빵을 전자레인지에 데워 곁들이면 잘 어울린다.

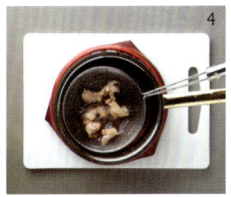

닭고기 장조림

도시락 반찬으로도 유용한 요리

4인분

조리 시간
60분

칼로리
1,138

 재료

닭가슴살 500g, 달걀 4개, 새송이버섯 2개, 꽈리고추 8~10개, 대파(흰 부분) 1대, 통마늘 4개, 생강 1톨, 물 3컵, 청주 3큰술
조림장 간장 200㎖, 매실청 2큰술, 설탕 2큰술

 만드는 법

1 닭가슴살을 물에 씻어 물기를 빼 둔다.

2 달걀을 삶아서 껍질을 벗긴다.

3 새송이버섯은 반으로 갈라 반달 모양으로 도톰하게 썰고, 꽈리고추는 꼭지를 떼어 씻는다.

4 냄비에 닭가슴살, 대파, 마늘, 생강, 물, 청주를 넣고 30~40분간 끓인다.

5 4에서 대파, 마늘, 생강을 건져 버리고 냄비에 국물과 닭가슴살만 남긴다.

6 5에 조림장을 넣고 끓어오르면 불을 줄여 30분간 조린 뒤, 삶은 달걀·새송이버섯·꽈리고추를 넣고 한소끔 끓인다.

불닭발

피부에 좋은 콜라겐이 듬뿍

2인분

조리 시간
40분

칼로리
330

🍗 재료

뼈 없는 닭발 1팩(200g), 소주 1/2컵, 물 3컵, 간장 2큰술
향신 채소 생강 1톨, 마늘 2쪽, 통후추 약간, 대파 1/2대
양념장 양파즙 3큰술, 다진 마늘 1큰술, 고춧가루 3큰술, 설탕 2큰술, 물 1/2컵, 청양고추(다진 것) 2개,
소금·후추 약간

🍲 만드는 법

1 뼈 없는 닭발은 깨끗이 손질하여 소주에 30분간 담가 둔다.

2 냄비에 물과 향신 채소를 넣고 뼈 없는 닭발을 넣어 데친 뒤 체에 건진다.

3 2의 닭발에 간장을 넣어 밑간한다.

4 볼에 양념장 재료를 모두 넣고 섞는다.

5 팬에 밑간해 둔 닭발과 4의 양념장을 넣고 끓이며 조린다.

TIP

국물이 없어지도록 중불로 오래 조려야 양념이 부드럽게 밴다.

닭모래집 볶음

쫄깃쫄깃한 식감과 채소의 아삭한 맛이 잘 어우러진 요리

2인분

조리 시간
40분

칼로리
685

🍗 재료

닭 모래집 300g, 청양고추 2개, 붉은 고추 1개, 셀러리 1/3대, 대파 1/4대, 양파 1/2개, 죽순 50g, 식용유 2큰술, 참기름 · 깨 약간
재움장 청주 1큰술, 소금 1/4작은술, 생강즙 1/4작은술, 다진 마늘 1/2작은술
조림장 간장 2큰술, 굴소스 1큰술, 설탕 1큰술

🍲 만드는 법

1 닭모래집을 소금으로 비벼 씻은 뒤 기름과 힘줄을 제거한 뒤 칼집을 넣는다.

2 1의 모래집을 재움장에 버무려 30분간 재운다.

3 고추는 송송 썰고, 셀러리와 대파는 어슷 썰고, 양파는 굵게 채 썬다.

4 죽순은 빗살무늬를 살려 3㎝ 길이로 썬다.

5 팬에 식용유를 두르고 3과 4의 채소를 넣고 볶다가, 모래집과 조림장을 넣어 볶은 뒤 참기름과 깨를 뿌린다.

TIP

닭모래집 손질법
닭모래집은 소금으로 주물러서 깨끗이 씻은뒤 촘촘하게 칼집을 넣어 요리해야 맛이 더 좋다.

한식 닭요리에 잘 어울리는 향신채

마늘

독특한 향과 매운맛을 내는 알리신 성분이 고기 냄새를 없애고 독성, 활성 산소를 제거하는 데 도움을 준다. 마늘을 다져서 사용하거나 통마늘을 넣어 익히면 누린내를 제거할 수 있다.

생강

독특한 맛과 향을 내므로 고기 음식에 빠지지 않는 향신채다. 진저론zingeron·진저롤zingerol·쇼가올shogaols이라는 정유 성분이 잡냄새를 제거하는 효과가 있어 육류나 생선 요리에 곁들이면 좋다.

대파

음식의 향을 돋우고 해산물 비린내와 육류의 누린내를 없애는 효과가 있어 전골이나 국, 양념에 반드시 사용한다. 자극적인 냄새를 내는 유화알릴 성분이 소화액 분비를 촉진하고 신경을 안정시킨다.

양파

자극적인 냄새와 매운맛이 고기의 냄새를 제거하는 데 도움을 준다. 양파를 썰어서 고기 사이에 끼우거나 곱게 간 즙을 넣고 재우면 냄새도 제거할 수 있고 육질도 부드러워진다.

후추

피페리딘piperidine, 채비신chavicine 등의 정유가 고기의 누린내 제거에 효과적이다. 흑후추는 향기와 매운맛이 강하여 고기 요리에 어울리고, 백후추는 향기와 맛이 순하여 흰살 생선, 닭고기, 크림소스 등에 사용된다.

■ **기타 고기 요리에 쓰는 식약재**

오갈피나무

고기 삶을 때 넣으면 잡냄새가 사라지고 육질이 좋아진다. 기혈(氣穴)을 소통시키고, 강장 효과가 있으며, 몸이 가벼워지고 노화를 예방하는 효과가 있는 것으로 알려져 있다.

음나무

깊은 단맛과 쌉쓰름한 맛이 동시에 나서 고기 맛을 좋게 한다. 해열 작용, 어혈 제거 및 콜레스테롤을 배출하는 효과가 있다.

접골목(딱총나무)

고기 삶을 때 넣으면 잡냄새가 사라지고 육질이 부드러워지며 감칠맛이 생긴다. 최근 들어 뼈를 붙이는 효능이 알려지면서 사용이 늘어나고 있다. 항염증·이뇨·진통 등 다양한 효과가 있어서 고기 요리에 쓰면 일석이조의 효과가 있다.

옻나무

예전부터 옻닭의 재료로 쓰여 왔지만 독(毒)이 오를 수 있으므로 매우 신중하게 써야 한다. 위장 기능을 좋게 하고 혈액 순환을 개선하는 효능을 지녔다.

오갈피나무

접골목

음나무

양파

생강

후추

대파

마늘

누구나 좋아하는 국민 닭요리

국물요리

삼계탕

우리나라 대표 보양식

1인분

조리 시간
60분

칼로리
1,110

 재료

영계 1마리(500g), 찹쌀(불린 것) 1/2컵, 대추 2개, 밤 1개, 찬물 5컵, 삼계탕용 한약재 티백 1봉지, 수삼 1뿌리, 마늘 4쪽, 대파 1/4대, 소금·후추 약간

 만드는 법

1   깨끗이 손질한 영계 뱃속에 찹쌀·대추·밤을 넣는다.

2   뱃속에 넣은 재료가 빠지지 않도록 이쑤시개로 입구를 막고, 한쪽 다리에 칼집을 내서 칼집 사이로 다른 한쪽 다리를 넣어 풀어지지 않도록 한다.

3   냄비에 찬물을 붓고 2의 닭과 한약재 티백을 넣어 끓인다.

4   끓기 시작하면 중불로 줄여 30분간 더 끓인 뒤 한약재 티백을 건져 낸다.

5   4에 수삼과 마늘을 넣어 15분 더 끓인 뒤, 송송 썬 대파, 소금, 후추를 곁들인다.

누룽지 백숙

닭고기의 부드러운 육질과 누룽지의 구수한 맛까지 즐기는 보양 별미

2~4인분

조리 시간
60분

칼로리
1,930

 재료

닭 1마리(800g), 전복 2마리, 찹쌀밥 200g, 은행 5알, 물 8컵, 황기 1뿌리, 생강 1톨, 마늘 6쪽, 대파 1대, 대추 4개, 밤 2개, 소금 · 후추 약간

 만드는 법

1 찹쌀밥은 기름기 없는 팬에 얇게 펴서 약한 불로 노릇하게 구워 누룽지를 만든다.

2 은행은 끓는 물에 데쳐 껍질을 벗긴다.

3 닭을 찬물에 속까지 깨끗하게 씻어서 무쇠 냄비에 넣고, 물 · 황기 · 생강 · 마늘 · 대파 1/2대를 넣고 끓인다.

4 끓기 시작하면 약한 불로 줄여 20분 더 끓인 뒤 황기 · 생강 · 대파를 건져 낸다.

5 4에 대추 · 밤을 넣고 약한 불에서 20분 더 끓이다가, 누룽지를 넣고 5~10분 더 끓인다.

6 불에서 내리기 직전 전복을 넣고 살짝 익힌다.

7 남은 대파를 송송 썰어서 얹고, 소금과 후추를 곁들인다.

TIP

한방 약재를 일일이 구하기 어려울 때 시판되는 백숙용 팩을 사서 사용하면 간편하다.

닭곰탕

시원한 무와 어우러진 맛

4인분

조리 시간
90분

칼로리
1,420

 재료

닭 1마리(800g), 물 1.6ℓ , 무 1/2개, 대파 2대, 황기 1뿌리, 대추 5개, 마늘 10쪽, 소금 2큰술, 후추 약간,
홍고추 약간(장식용)

 만드는 법

1 닭은 깨끗이 손질하고 끓는 물에 데쳐서 불순물을 제거한다.

2 손질한 무를 큼직하게 자르고 대파를 적당히 썬다. 이때 장식용으로 쓸 대파 1/4대를
   어슷 썰어 따로 둔다.

3 냄비에 물을 붓고 1의 닭을 넣은 뒤, 무·대파·황기·대추·마늘을 넣고 1시간 끓인다.

4 닭이 익으면 건져서 식힌 뒤에 살을 먹기 좋은 크기로 찢는다.

5 육수를 면보에 거르고, 무를 제외한 나머지 재료는 버린다. 무는 사방 4cm 크기로 깍둑
   썬다.

6 5의 육수를 소금과 후추로 간하여 다시 한 번 끓인다.

7 그릇에 4의 닭고기와 5의 무, 장식용 대파와 홍고추를 담고 육수를 붓는다.

닭을 한 번 데쳐서 사용하면 기름기가 줄어들어 담백하다.

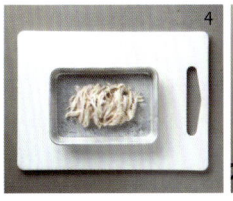

닭가슴살 들깨 미역국

담백하고 고소한 들깨향이 가득한 건강식

4인분

조리 시간
40분

칼로리
446

 재료

닭가슴살 1쪽(120g), 미역(불린 것) 300g, 마늘 1쪽, 대파 1/4대, 멥쌀(불린 것) 2큰술, 들깨가루 60g, 물 6컵, 들기름 1/2큰술, 국간장 2큰술, 소금 · 후추 약간

만드는 법

1 미역을 물에 담가 30분 정도 충분히 불린 뒤 거품이 생기지 않을 때까지 깨끗이 주물러 씻어서 먹기 좋은 크기로 썬다.

2 닭가슴살을 마늘과 대파를 넣은 물에 삶아서 국물은 체에 밭쳐 둔다.

3 2의 닭가슴살을 먹기 좋은 크기로 찢어 놓는다.

4 믹서에 불린 멥쌀과 들깨가루, 물을 약간 넣고 갈아서 체에 거른다.

5 냄비에 1의 미역과 들기름을 넣고 볶다가, 2와 4의 국물과 손질한 닭고기를 넣고 끓인 뒤 국간장을 넣고 소금과 후추로 간을 맞춘다.

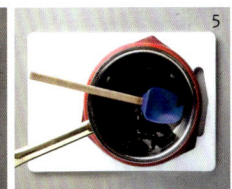

닭개장

얼큰한 국물 맛이 일품

4인분

조리 시간
60분

칼로리
1,797

 재료

닭 1마리(800g), 대파 2대, 느타리버섯 2컵, 숙주 200g, 고춧가루 5큰술, 마늘 2큰술, 국간장 2큰술, 참기름 1큰술, 소금·후추 약간, 고추(장식용) 약간
육수 재료 마늘 4쪽, 생강 1톨, 양파 1/2개, 무 1/4개, 물 1.5ℓ

 만드는 법

1 냄비에 물을 붓고 닭·마늘·생강·양파·무를 넣어 30~40분 끓인다.

2 대파는 큼직하게 어슷 썰고, 느타리버섯은 밑둥을 자른 뒤 길이대로 찢어 놓는다.
　숙주는 깨끗이 씻어서 건진다.

3 1의 닭을 건져 내어 살만 발라 찢는다.

4 마늘·생강·양파는 건져 버리고, 무만 3×4cm 크기로 납작하게 썬다.

5 국물에 2, 3, 4의 재료를 넣고 끓이다가 건져서 고춧가루·마늘·국간장·참기름을 넣고
　무친다.

6 5를 국물에 다시 넣고 끓인 뒤 소금과 후추로 간을 맞춘다.

닭칼국수

진한 닭 육수와 담백한 닭고기를 함께 즐기는 칼국수

4인분

조리 시간
90분

칼로리
2,035

재료

닭 1마리(800g), 칼국수 면(4인분 기준) 400g, 대파 1대, 양파 1/2개, 마늘 5쪽, 통후추 1작은술, 생강 1톨, 물
400㎖, 소금 · 후추 약간
고명 애호박 1개, 표고버섯 5개, 청양고추 적당량

만드는 법

1 냄비에 닭, 대파 1/2대, 양파, 마늘, 통후추, 생강을 넣고 1시간 정도 삶은 뒤 육수를
   면보에 거른다.

2 1의 닭을 건져 내어 먹기 좋게 살을 발라 찢어 둔다.

3 호박과 표고버섯을 얇게 슬라이스하여 소금과 후추를 뿌려 볶는다.

4 1의 육수에 칼국수 면을 넣고 끓인다.

5 소금으로 간하여 그릇에 담은 뒤 3을 얹고 송송 썬 대파와 고명을 올린다.

TIP
   청양고추나 양념장을 곁들어도 좋다.

초계국수

새콤한 국물 맛이 일품인 여름 보양 국수

4인분

조리 시간
90분

칼로리
1,568

 재료

닭가슴살 2쪽, 오이 1개, 적채 1/4통, 소면(4인분 기준) 400g
육수 재료 물 1.2ℓ, 대파 1/2대, 마늘 3쪽, 통후추 10알
양념 설탕 2큰술, 소금 1큰술, 식초 7큰술, 국간장 1큰술, 연겨자 1큰술
절임 양념 설탕 3큰술, 소금 1작은술, 식초 3큰술

 만드는 법

1 닭가슴살을 깨끗이 씻어 냄비에 육수 재료와 함께 넣고 1시간 정도 끓인다.

2 1의 닭가슴살을 건져서 식힌 뒤 먹기 좋은 크기로 찢는다.

3 오이는 반으로 갈라 얇게 어슷하게 썰어 절임 양념에 30분 정도 절인 뒤 물기를 꼭 짠다.

4 적채는 얇게 채 썬다.

5 1의 육수를 면보에 걸러서 냉장고에 넣어 차게 보관한다.

6 육수 4컵에 양념을 섞어 냉동실에서 살얼음이 되도록 얼린다.

7 그릇에 삶은 소면, 닭가슴살, 적채, 오이를 담고 살얼음 낀 육수를 붓는다.

 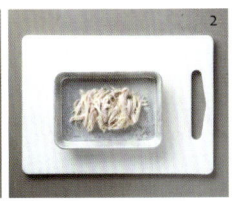  

닭고기 완자탕

육수가 밴 부드러운 식감과 담백한 맛이 일품

4인분

조리 시간
40분

칼로리
1,068

 재료

닭가슴살 150g, 두부 50g, 밀가루 1/2컵, 달걀 1개, 식용유 1큰술, 닭 육수 6컵, 국간장 2큰술, 식초 약간,
소금·후추 약간, 실파 1대, 달걀(지단용) 1개
완자 양념 파(다진 것) 1큰술, 마늘(다진 것) 1작은술, 깨소금 1작은술, 참기름·소금·후추 약간

 만드는 법

1 닭가슴살은 주사위 모양으로 썰어 푸드 프로세서에 넣고 곱게 간다.

2 두부는 물기를 뺀 뒤 면보에 싸서 으깨거나 칼날을 비스듬히 눕혀 으깬다.

3 볼에 1과 2, 완자 양념을 함께 넣고 손으로 잘 치댄 뒤 지름 2㎝ 크기로 둥글게 빚는다.

4 완자를 밀가루와 달걀물을 입혀서 기름을 두른 팬에 굴려 가며 지진다.

5 지진 완자를 키친타월에 올려 기름기를 없앤다.

6 달걀은 노른자와 흰자를 분리하여 풀고, 식초와 소금을 소량 넣어 지단을 부친 뒤
   마름모꼴로 썬다.

7 냄비에 닭 육수를 넣어 끓이다가 국간장으로 색을 내고, 소금과 후추로 간한다.

8 7에 완자를 넣고 끓인다.

9 그릇에 담고 지단을 얹는다.

TIP
완자는 밀가루를 얇게 묻혀야 색이 곱다.

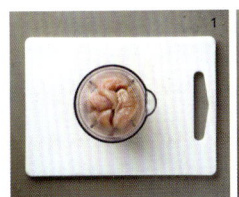

닭 육수 양송이버섯 수프

담백한 육수와 버섯의 만남

2인분

조리 시간
30분

칼로리
750

 재료

양송이버섯 200g, 양파 1/2개, 버터 1큰술, 닭 육수 2컵, 우유 1/4컵, 생크림 1/4컵, 소금 · 후추 약간

 만드는 법

1 양송이버섯과 양파를 얇게 채 썬다.

2 팬에 버터를 두르고 1의 채소를 넣고 양파가 노릇해지도록 볶는다.

3 닭 육수를 부어 10분간 끓인다.

4 3을 핸드 믹서기로 곱게 간다.

5 우유와 생크림을 넣어 약한 불에 5분간 끓인다.

6 소금과 후추로 간한다.

 TIP

장식으로 볶은 버섯, 크루통(p.15 참고), 다진 파슬리 등을 곁들인다.

닭 육수 감자 대파 수프

여름엔 차갑게, 겨울엔 뜨겁게 먹는 수프

4인분

조리 시간
40분

칼로리
1,473

 재료

감자 2개, 양파 1/2개, 대파 1/2대, 버터 1큰술, 닭 육수 4컵, 우유 1/2컵, 생크림 1/2컵, 소금 · 후추 약간

만드는 법

1 감자, 양파, 대파를 얇게 썬다.

2 팬에 버터를 두르고 1의 채소를 넣고 양파가 노릇해지도록 볶는다.

3 닭 육수를 부어 10~12분간 끓인다.

4 3을 핸드믹서기로 곱게 갈고, 우유와 생크림을 넣어 약한 불에 5~10분간 끓인다.

5 소금과 후추로 간한다.

치킨 누들 수프

감기에 좋은 서양 대표 수프

4인분

조리 시간
30분

칼로리
1,613

재료

닭다리살 2쪽(240g), 파스타 면 100g, 양파 1/2개, 셀러리 1/2대, 당근 1/2개, 렌틸콩 100g, 올리브오일 2큰술, 마늘(다진 것) 1작은술, 닭 육수 6컵, 월계수 잎 1장, 타임 1/4작은술, 넛맥가루 1/2작은술, 레몬 1/4개, 소금 · 후추 약간, 고수 적당량

만드는 법

1 양파, 셀러리, 당근을 사방 1㎝ 크기로 썬다.

2 렌틸콩은 찬물에 깨끗이 씻어서 약 8분간 삶는다.

3 닭다리살은 껍질과 지방을 제거하고 1×3㎝ 크기로 썬다.

4 파스타 면을 끓는 물에 약 5분간 삶아서 건진다.

5 올리브오일을 두른 팬에 마늘을 넣고 향기가 날 때까지 30초가량 볶다가 1의 채소를 넣고 1분간 더 볶은 뒤 닭다리살을 넣고 2분간 더 볶는다.

6 닭 육수, 렌틸콩, 월계수 잎, 타임, 넛맥가루, 레몬을 넣고 약 5분간 끓이다가 파스타 면을 넣고 5분간 더 끓인다.

7 소금과 후추로 간한 뒤 그릇에 담고 고수를 올린다.

닭고기 샤부샤부

건강하고 푸짐한 즉석 요리

2인분

조리 시간
30분

칼로리
675

 재료

닭가슴살 300g, 양파 1/2개, 청양고추 2개, 대파 1대, 양송이버섯 4개, 표고버섯 2개, 느타리버섯 100g,
팽이버섯 100g, 청경채 80g, 비타민 80g, 당근 1/4개, 배추 2잎, 두부 1/4모
국물 닭 육수 5컵, 다시마 5x5㎝ 1조각, 소금 1작은술
소스 유자 폰즈 소스 · 참깨 소스(시판용) 적당량

 만드는 법

1 냄비에 닭 육수와 다시마를 넣고 끓기 시작하여 5분이 지나면 다시마를 건져 내고
  소금으로 간한다.

2 닭가슴살은 얇게 저민다.

3 양파와 청양고추는 슬라이스하고, 대파는 어슷 썬다.

4 양송이버섯과 표고버섯은 슬라이스하고, 당근과 배추는 2×4㎝ 크기로 썰고, 두부도
  비슷한 크기로 도톰하게 썰어 준비한다.

5 느타리버섯과 팽이버섯은 밑둥을 잘라 찢어 놓고, 청경채와 비타민도 밑둥을 잘라 내고
  깨끗이 씻는다.

6 1의 국물에 준비한 닭고기와 채소를 넣어 익혀서 유자 폰즈 소스 또는 참깨 소스에 찍어
  먹는다.

 TIP

유자 폰즈 소스나 참깨 소스는 마트나 슈퍼마켓에서 구입할 수 있다.

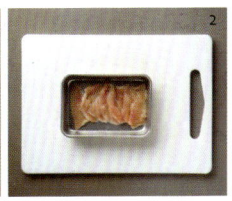

로즈마리, 타임

당근

양파

레몬

후추

파슬리

넛맥

셀러리

양식 닭요리에 잘 어울리는 향신채

로즈마리
주로 신선한 잔가지를 닭고기와 생선 속에 넣어서 요리한다. 향신료의 향과 고기의 육즙이 부드럽게
어우러진 맛을 낸다.

타임
타임은 향이 강하면서도 오래가므로 육류 요리에 첨가하는 향신료로 잘 어울린다. 수프를 비롯한 다양한
요리에 두루 사용하며, 식욕을 돋우고 열량이 거의 없어 다이어트에 효과적이다.

당근
당근의 주성분인 베타카로틴은 껍질 밑에 가장 많다. 무농약 당근을 껍질째 조리하면 영양 성분을
최대한 흡수할 수 있다. 생식할 때는 갈거나 채치거나 스틱 모양으로 썰어 샐러드를 만든다.
조림 · 튀김 · 무침 · 수프 · 볶음 등으로 다양하게 요리한다.

레몬
100g당 비타민 C는 50mg으로, 감귤류 중에서 비타민 C가 가장 많으며, 비타민 P, 칼슘, 구연산이 풍부하다.
비타민 C는 혈관을 튼튼하게 하므로, 혈전 · 동맥경화 · 고혈압 등의 증상을 예방하고, 세포의 콜라겐
생성을 촉진하여 피부를 건강하게 한다. 비타민 P는 비타민 C의 보조 역할을 하며, 모세혈관을 튼튼하게
한다. 얇게 저며 홍차에 띄우거나 생선구이 또는 생선국 양념장에 곁들인다. 방향 에센스로 쓰인다.

파슬리
잎에 함유된 클로로필은 콜레스테롤의 상승을 억제하고 빈혈을 예방하는 효과가 있다. 향기의 주성분인
아피올apiol은 특유의 상쾌한 향미로 위액의 분비와 소화를 촉진하고 식욕을 돋우는 작용을 한다. 주로
요리 장식으로 많이 쓰이고, 가루를 내어 뿌리기도 한다.

셀러리
특유의 향을 내는 아피인apiin 성분은 신경 계통에 작용하여 마음을 안정시켜 준다. 또한 상큼한 향기가
위액의 분비를 촉진하여 식욕을 증진시키는 효과도 있다.

누구나 좋아하는 국민 닭요리

Part
6

일품요리

대추 닭죽

닭고기의 담백하고 부드러운 맛의 조화

4인분

조리 시간
30분

칼로리
1,700

재료

삼계탕용 영계 1마리(500g), 쌀 200g, 물 1.5ℓ , 마늘 5쪽, 대파 1/2대, 양파 1/2개, 생강 1톨, 참기름 1큰술, 대추 4개, 소금 · 후추 약간

만드는 법

1 쌀을 씻어서 불려 체에 건진다.

2 냄비에 물과 영계를 넣고, 마늘 · 대파 · 양파 · 생강을 넣어 센 불로 끓인다.

3 끓기 시작하면 중불로 줄여 거품과 기름기를 걷어 가며 2시간 끓인 뒤, 체에 밭쳐 국물은 따로 보관하고, 닭은 살만 발라 잘게 찢는다.

4 대추는 돌려 깎아 살만 발라내어 채 썰고, 대파는 송송 썬다.

5 냄비에 참기름을 두르고 불린 쌀을 볶는다.

6 쌀이 투명해지면 3의 육수 4컵을 넣고 15분간 끓인다.

7 6을 약불로 줄이고, 육수 2컵 · 닭살 · 대추를 넣어 15~20분간 더 끓인다.

8 소금과 후추로 간하고, 송송 썬 대파를 얹어 낸다.

닭고기 냉이 솥밥

향긋한 냉이 향이 입맛을 돋게 하는 요리

2인분

조리 시간
30분

칼로리
1,197

재료

닭안심살 100g, 흰쌀 2컵, 냉이 30g, 들기름 2큰술, 국간장 2큰술, 닭 육수 2.5컵
양념 간장 간장 2큰술, 다진 파 2큰술, 고춧가루 1/2큰술, 다진 마늘 1큰술, 깨소금 1/2작은술, 참기름
1/2작은술, 설탕 1/2큰술, 물 1큰술

만드는 법

1 쌀을 씻어서 불려 체에 건진다.

2 닭고기를 사방 1.5㎝ 크기로 썬다.

3 깨끗이 다듬은 냉이를 데쳐서 찬물에 헹구어 물기를 짠 뒤 3~4㎝ 길이로 썰어 들기름과
   국간장에 버무린다.

4 무쇠 냄비에 닭고기를 넣고 볶다가, 쌀과 닭 육수를 넣어 섞은 뒤 중불로 끓인다.

5 밥물이 끓어오르면 약불로 줄여서 15분간 끓이고 불을 끈다.

6 냉이를 넣고 뚜껑을 닫아 둔 상태로 약 10분간 뜸을 들인다.

7 양념 간장을 곁들여 먹는다.

닭고기 쌀국수

아삭한 숙주의 질감이 좋은 쌀국수

2인분

조리 시간
50분

칼로리
1,480

 재료

닭 1/2마리, 피시 소스 1큰술, 국간장 2큰술, 설탕 1작은술, 청양고추 1개, 숙주 60g, 쌀국수 250g, 레몬 2조각, 호이신 소스 · 스리라차 소스 적당량
육수 마늘 4쪽, 양파 1/2개, 생강 1톨, 통계피 3~4cm, 팔각 1개, 찬물 7컵
양파 절임 양파 1개, 식초 90㎖, 설탕 30㎖, 소금 5㎖

 만드는 법

1 냄비에 닭과 육수 재료를 넣어 끓인다.

2 1이 끓기 시작하면 불을 줄이고 거품을 걷어 가며 30~40분 더 끓인 뒤, 고기와 육수 재료를 건져 내고 피시 소스 · 국간장 · 설탕을 넣고 싱겁게 간을 맞춘다.

3 양파를 둥근 모양대로 얇게 슬라이스하여 식초 · 설탕 · 소금으로 간하여 10분간 재운다.

4 청양고추는 둥글게 썰고, 숙주는 깨끗이 씻어 체에 밭친다.

5 2의 닭고기를 얇게 찢어 놓는다.

6 쌀국수를 끓는 물에 삶아서 건진다.

7 국수를 그릇에 담고, 닭고기를 얹고 2의 국물을 팔팔 끓여 붓는다.

8 7에 숙주 · 양파 · 레몬 · 청양고추를 곁들이고, 취향에 따라 호이신 소스와 스리라차 소스를 넣는다.

 TIP

쌀국수는 찬물에 담갔다가 부드러워지면 끓는 물에 삶아 건진다.

스리라차는 태국식 칠리 소스다.

  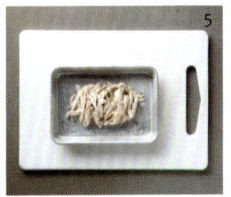

오야코동(닭고기 덮밥)

엄마인 닭과 아가인 달걀이 함께하는 일본식 덮밥

1인분

조리 시간
15분

칼로리
651

재료

닭가슴살(또는 안심살, 다리살) 100g, 밥 1공기(180g), 양파 1/4개, 표고버섯 1개, 대파 1/4대, 달걀 1개
재움장 간장 1작은술, 청주 1/2큰술, 생강즙 1/2작은술, 후추 약간
소스 다시마물 1/2컵, 미림 2큰술, 간장 2큰술

만드는 법

1 닭가슴살은 먹기 좋은 크기로 잘라서 재움장으로 밑간한다.

2 양파와 표고버섯은 채 썰고, 대파는 어슷 썬다.

3 볼에 달걀을 완전히 푼다.

4 팬에 소스 재료를 넣고 끓어오르면 손질한 닭가슴살과 양파를 넣고 뚜껑을 덮은 뒤 3분간 중간 불에서 익힌다.

5 닭고기가 익으면 표고버섯과 대파를 넣고 불을 세게 하여 3의 달걀을 넣고 70% 정도 익으면 불을 끈다.

6 그릇에 밥을 담고 그 위에 5를 붓는다.

TIP
시중에서 파는 쓰유에 물을 희석하여 간장 대신 쓰면 맛이 더 깊어진다.

나시고랭

아삭아삭 씹히는 채소의 질감이 좋은 동남아식 볶음밥

2인분

조리 시간
30분

칼로리
1,346

 재료

닭안심살(또는 가슴살) 100g, 칵테일 새우 8개, 당근 1/4개, 양파 1/2개, 피망 1/4개, 마늘 2쪽, 쪽파 1뿌리,
식용유 2큰술, 청양고추 1개, 숙주 2줌, 밥 360g, 달걀 2개, 소금 · 후추 약간, 땅콩(다진 것) 2~3큰술, 레몬
1조각(장식용)
소스 스리라차 소스 2큰술, 굴소스 2큰술, 간장 1큰술, 생강즙 1/2큰술

 만드는 법

1 분량의 소스 재료를 한데 섞어 소스를 만들어 둔다.

2 닭안심살 · 새우 · 당근 · 양파 · 피망을 사방 1㎝ 크기로 썬다.

3 마늘은 편으로 썰고, 쪽파 · 청양고추는 송송 썬다. 숙주는 물에 씻어서 물기를 뺀다.

4 팬에 식용유를 두르고, 마늘과 쪽파를 볶는다.

5 4에 닭안심살과 새우를 넣고 볶다가 2의 손질한 채소와 청양고추를 넣어 한 번 더
볶는다.

6 볶은 재료를 가장자리로 밀고 달걀을 풀어 넣어 스크램블을 한다.

7 6에 밥을 넣고 1의 소스를 가장자리에 돌려 뿌리며 볶는다.

8 소금과 후추로 간을 맞춘 뒤 숙주를 넣고 재빨리 볶는다.

9 그릇에 담고 위에 다진 땅콩을 뿌린다.

시간이 없을 때 냉동 새우 볶음밥을 이용하면 요리 시간이 단축된다.

치킨 빠에야

독특한 향이 매력적인 스페인식 볶음밥

2인분

조리 시간
25분

칼로리
1,110

재료

닭안심살 200g, 쌀 1컵, 샤프란 1/2작은술, 바지락(해감한 것) 12개, 양파 1/4개, 파프리카(청ㆍ홍) 각 1/4개, 마늘(다진 것) 1작은술, 올리브오일 2큰술, 화이트와인 2큰술, 닭 육수 3컵, 방울토마토 5개, 소금 약간

만드는 법

1 쌀을 씻어서 체에 밭쳐 물기를 뺀다.

2 닭 육수 1컵에 샤프란을 넣어 끓여 색을 낸다.

3 해감한 바지락을 씻어서 체에 밭쳐 둔다.

4 닭고기를 손질하여 2×3㎝ 정도 크기로 자른다.

5 양파와 파프리카는 채 썬다.

6 냄비에 올리브오일을 두르고 쌀을 먼저 넣고 볶다가 닭고기ㆍ양파ㆍ파프리카ㆍ마늘을 넣고 볶는다.

7 6에 화이트와인과 2의 샤프란 육수와 남은 닭 육수 2컵을 부은 뒤 위에 바지락을 올리고 소금으로 간하여 끓인다.

8 7이 다 익으면 골고루 섞은 뒤 반으로 자른 방울토마토를 올려 10분간 뜸을 들인다.

Tip

바지락 해감 : 짠맛이 강하게 느껴질 정도의 소금물에 담가 냉장고 어두운 칸에 30분간 두었다가 엷은 소금물에 씻어서 체에 건진다.

빠에야는 살짝 덜 익혀야 맛있다.

치킨 잠발라야

다양한 재료가 어우러져 풍부한 맛이 나는 미국 남부식 밥 요리

2인분

조리 시간
40분

칼로리
1,262

재료

닭가슴살 120g, 밥 360g, 소시지 120g, 셀러리 60g, 양파 60g, 피망 30g, 마늘(다진 것) 1/2큰술,
올리브오일 1큰술, 토마토소스(시판) 300㎖, 닭 육수 400㎖, 고운 고춧가루 1작은술, 월계수 잎 1장,
소금 · 후추 약간, 타바스코 소스 2작은술

만드는 법

1 닭가슴살은 슬라이스한다.

2 소시지는 어슷 썰고, 셀러리 · 양파 · 피망은 굵게 다진다.

3 냄비에 올리브오일을 두르고 셀러리 · 양파 · 마늘을 넣고 볶다가, 닭가슴살과 피망을
   넣고 한 번 더 볶는다.

4 3에 토마토소스와 닭 육수를 넣고 끓인다.

5 4에 소시지 · 고춧가루 · 월계수 잎을 넣고 약한 불에 끓인다.

6 5를 소금과 후추로 간하고, 취향에 따라 타바스코 소스를 넣는다.

7 6을 밥 위에 듬뿍 얹거나 함께 끓인다.

버터 치킨 커리

버터의 고소함과 강황의 진한 맛의 어울림

4인분

조리 시간
30분

칼로리
1,777

 재료

닭다리 4개, 감자 2개, 당근 1/2개, 양파 1개, 토마토 1개, 브로콜리 1/2송이, 마른 고추 1~2개, 대파(흰 부분) 1/2대, 마늘 2쪽, 생강 1톨, 버터 2큰술, 닭 육수 6컵, 소금·후추 약간, 요리당 1큰술, 우스터 소스 1큰술, 강황가루 1작은술, 고형 카레 110g

만드는 법

1 닭다리는 두꺼운 부분에 칼집을 깊게 넣는다.

2 감자·당근·양파를 손질하여 사방 4㎝ 크기로 썰고, 토마토도 꼭지를 떼어 비슷한 크기로 썬다. 브로콜리는 한입 크기로 자르고 소금물에 살짝 데친다.

3 속이 깊은 냄비에 버터 1큰술을 녹인 뒤, 어슷 썬 대파와 편으로 썬 마늘, 다진 생강을 넣고 노르스름하게 볶는다.

4 믹서기에 3과 닭 육수 2컵을 넣고 곱게 간다.

5 냄비에 남은 버터를 두른 뒤, 닭다리를 넣고 소금과 후추로 간하여 볶는다.

6 5에 감자·당근·양파·마른 고추를 넣고 볶다가, 남은 닭 육수 4컵과 4를 넣고 감자가 익을 때까지 중불에서 끓인다.

7 6에 토마토와 브로콜리를 넣고 끓이다가 요리당·우스터 소스·강황가루·고형 카레를 넣고 불을 줄여서 뭉근히 끓인다.

8 밥을 곁들여 낸다.

치킨 도리아

촉촉하고 부드럽고 고소한 특별식

2인분

조리 시간
30분

칼로리
1,520

 재료

닭가슴살 200g, 냉동 볶음밥 300g, 버터 약간, 마늘 1쪽, 양파 1/3개, 새송이버섯 1/2개, 붉은 피망 1/4개, 브로콜리 5개, 올리브오일 2큰술, 화이트와인 2큰술, 토마토소스 1/2컵, 생크림 4~6큰술, 모차렐라 치즈 1컵, 소금·후추 약간

만드는 법

1 닭가슴살을 2×2㎝ 정도의 먹기 좋은 크기로 썬다.

2 냉동 볶음밥을 해동하여 팬에 버터와 함께 볶는다.

3 마늘은 편으로 썰고, 양파·새송이버섯·피망은 사방 2㎝ 크기로 썬다. 브로콜리는 먹기 좋은 크기로 썬다.

4 팬에 올리브오일을 두르고 마늘과 양파를 볶은 뒤, 닭가슴살을 넣고 볶는다.

5 4에 화이트와인을 넣어 잡내를 없앤 뒤, 새송이버섯·피망·브로콜리를 넣어 볶는다.

6 5에 토마토소스, 생크림을 넣고 끓여 소금과 후추로 간한다.

7 오븐용 그릇에 2의 볶음밥을 담고 6의 재료를 올리고 모차렐라 치즈를 뿌려 180℃ 오븐에 10분간 굽는다.

치킨 아라비아타

매콤한 고추향이 입맛을 돋우는 파스타

2인분

조리 시간
20분

칼로리
1,290

 재료

닭가슴살 200g, 파스타 면 160g, 가지 1/2개, 작은 새송이버섯 100g, 양파(다진 것) 50g, 마늘(다진 것) 1/2작은술, 페페론치노 3~4개, 올리브오일 2큰술, 토마토소스(시판) 300㎖, 고춧가루 1/2작은술, 블랙 올리브 10개, 바질 4잎, 소금 · 후추 약간
밑간 화이트와인 2큰술, 소금 · 후추 약간

 만드는 법

1 닭가슴살은 사방 2㎝ 크기로 깍둑 썰어서 화이트와인 · 소금 · 후추로 밑간한다.

2 파스타 면을 소금을 넣은 끓는 물에 삶아 건진다. 이때 삶은 물은 조금 남겨 둔다.

3 가지는 주사위 모양으로 썰고, 새송이버섯은 굵은 것만 자른다.

4 팬에 올리브오일을 두르고, 양파 · 마늘 · 페페론치노를 넣어 볶는다.

5 양파와 마늘이 노릇해지면 닭가슴살을 넣고 볶는다.

6 닭고기가 익으면 가지와 새송이버섯을 넣고 볶는다.

7 6에 토마토소스와 고춧가루를 넣고 끓이다가 블랙 올리브를 넣는다.

8 7에 파스타 면과 국수 삶은 물을 조금 넣고 볶은 뒤 바질을 넣고 소금 · 후추로 간한다.

 TIP

국수 삶은 물을 넣어 가며 농도를 맞추면 국수 간이 잘 밴다.

치킨 퀘사디아

바삭한 토르티야와 부드러운 치즈의 조화

2인분

조리 시간
40분

칼로리
1,403

 재료

닭가슴살 200g, 양파 1/2개, 피망(청·홍) 각 1/2개, 토르티야 4장, 모차렐라 치즈 1컵, 올리브오일 2큰술
밑간 케이준 스파이스 파우더 1작은술, 화이트와인 2큰술, 소금·후추 약간
소스 플레인 요거트 1개, 토마토 살사 소스 3큰술

 만드는 법

1 손질한 닭가슴살을 밑간하여 30분간 재운다.

2 양파와 피망은 슬라이스한다.

3 팬에 올리브오일을 두르고 1과 2를 볶는다.

4 달군 팬에 토르티야를 깔고 3을 올린 뒤 모차렐라 치즈를 뿌리고 반으로 접는다.

5 한쪽 면이 노릇하게 익으면 뒤집어서 또 한 번 노릇하게 굽는다.

 채 썬 양상추, 토마토 살사 소스, 플레인 요거트 등을 곁들인다.

치킨 미니 버거

맛이 담백하고 먹기 편한 한 끼 대용식

1인분

조리 시간
40분

칼로리
719

재료

닭안심살 2쪽(80g), 토마토(슬라이스한 것) 2개, 상추 2장, 모닝빵 2개, 올리브오일 1큰술, 마요네즈 3큰술, 씨겨자 1큰술 밑간 레드와인 2큰술, 파프리카 분말 1/2작은술, 소금 · 후추 약간

만드는 법

1 닭안심살을 밑간하여 30분 정도 재운다.

2 토마토는 슬라이스하고, 상추는 씻어서 빵 크기에 맞춰 찢는다.

3 팬에 올리브오일을 두르고 1의 닭안심살을 구워 반으로 자른다.

4 모닝빵을 반으로 갈라 안쪽 면을 팬에 굽는다.

5 마요네즈에 씨겨자를 넣고 잘 섞어서 빵 안쪽에 바른다.

6 5의 빵 한쪽에 상추, 닭안심살, 토마토 순으로 얹고, 남은 빵 한쪽으로 덮어 완성한다.

TIP
파프리카 분말이 없을 때는 고운 고춧가루를 소량 사용한다.

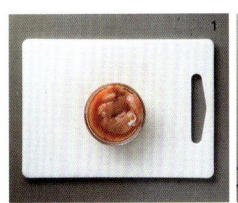

크랜베리 치킨 샌드위치

새콤한 크랜베리와 볶은 채소의 풍부한 식감이 치킨과 궁합

2인분

조리 시간
30분

칼로리
1,353

 재료

닭가슴살 2쪽(240g), 샌드위치 빵 4쪽, 샐러드용 채소 약간, 치즈 2장 **밑간** 화이트와인 2큰술, 올리브오일 2큰술, 로즈마리 1줄기, 소금·후추 약간

크랜베리 양파 조림 말린 크랜베리 40g, 셀러리 20g, 양파 80g, 버터 1큰술, 레드와인 50㎖, 설탕 1작은술, 소금·후추 약간, 레몬즙 1큰술

 만드는 법

1 손질한 닭가슴살을 밑간하여 30분간 재운다.

2 팬에 닭가슴살 양면을 노릇하게 구운 뒤, 오븐 팬에 올려 180℃ 온도로 10~12분 굽는다. (오븐이 없을 때는 불을 줄이고 뚜껑을 덮어 속까지 익힌다.)

3 2의 닭가슴살을 0.5㎝ 두께로 슬라이스한다.

4 셀러리는 다지고, 양파는 얇게 슬라이스하여 팬에 버터를 두르고 볶다가, 크랜베리·레드와인·설탕·소금·후추·레몬즙을 넣고 약한 불에 조린다.

5 빵을 토스트기에 노릇하게 굽는다.

6 5의 빵에 치즈, 샐러드용 채소, 4, 3 순으로 넣어 샌드위치를 만든다.

그릴 치킨 샌드위치

담백하게 구운 닭가슴살과 신선한 채소로 상쾌한 입맛

2인분

조리 시간
30분

칼로리
1,172

재료

닭가슴살 150g, 아보카도 1/2개, 어린잎 약간, 호밀빵 4쪽, 치즈 2장
밑간 화이트와인 1큰술, 올리브오일 1큰술, 로즈마리 1줄기, 소금·후추 약간
소스 머스터드 마요네즈 소스(씨겨자 1큰술+마요네즈 3큰술), 토마토 살사 소스 2큰술

만드는 법

1 닭가슴살은 손질하여 밑간한 뒤 30분간 재운다.

2 아보카도는 슬라이스하고, 어린잎은 깨끗이 씻어 물기를 제거한다.

3 1을 그릴 팬에 살짝 초벌구이한 뒤 180℃로 예열한 오븐에 10~12분간 구워서 먹기 좋은 크기로 자른다.

4 호밀빵을 토스터기에 넣어 살짝 데운 뒤 한쪽에는 토마토 살사 소스, 한쪽에는 머스터드 마요네즈 소스를 바른다.

5 4의 호밀빵에 치즈, 닭가슴살, 어린잎 순으로 넣어 샌드위치를 만든다.

닭 육수 만들기

닭 육수는 다른 고기 육수에 비해 재료 값이 적게 들면서도 진한 맛을 느낄 수 있다. 무기질과 아미노산이 국물에 우러나와 영양이 풍부하다.

재료

닭 1마리, 양파 1/2개, 대파 2뿌리, 마늘 4쪽, 생강 1톨, 통후추 10알, 청주 1/2컵, 물 2 *l*

만드는 법

1 닭은 뱃속을 신경 써서 손질한다.
2 손질한 닭은 찬물에 넣어 끓인다.
3 끓기 시작하면 양파, 대파, 마늘, 생강, 통후추, 청주를 넣고 중불로 줄인다.
4 위로 떠오르는 거품을 걷어 내며 2시간 삶는다.
5 국물을 면보에 거른다.
6 국물을 거른 뒤에는 될 수 있는 대로 빨리 식힌다.
7 완성된 닭 육수는 밀폐 용기에 담아 냉동 보관하며, 보관 기간은 약 30일 정도다.

치킨 스톡 만들기

살코기, 뼈, 생선, 채소 등을 물에 넣고 끓여서 우려낸 국물로, 일종의 '서양식 육수'이다. 수프와 소스의 기본이 되며, 요리의 맛을 좌우할 정도로 중요하다. 향신채와 향신료가 들어가며, 재료 자체의 깊은 맛을 충분히 우려내는 것이 맛을 좌우한다. 스톡을 끓일 때는 고기나 뼈의 피와 불순물을 말끔히 제거해야 한다.

재료

닭 1마리 향신 채소 양파 1/2개, 당근 1/4개, 셀러리 1/2대, 대파 1대, 마늘 4쪽, 통후추 10알, 월계수 잎 2장, 파슬리 2~3줄기, 타임 2~3줄기

만드는 법

1 닭은 뱃속을 신경 써서 손질한다.
2 손질한 닭은 찬물에 넣고 끓인다.
3 끓기 시작하면 향신 채소를 넣고 중불로 줄인다.
4 위로 떠오르는 거품을 걷어 내며 2시간 삶는다.
5 국물을 면보에 거른다.
6 스톡을 거른 뒤에는 될 수 있는 대로 빨리 식힌다.

누구나 좋아하는 국민 닭요리

이
유
식

닭고기 미음

소화 잘되는 닭고기로 만든 초기 이유식

6~8회분

조리 시간
30분

칼로리
112

 재료

닭안심살 20g, 쌀(불린 것) 30g, 물 400㎖

 만드는 법

1 믹서기에 불린 쌀과 물 200㎖를 넣고 곱게 간다.

2 닭안심살은 끓는 물에 5분간 삶아서 다진 뒤 절구에 넣고 곱게 으깬다.

3 냄비에 1과 2, 남은 물을 넣고 센 불에서 끓인다.

4 3이 끓어오르면 약불로 줄이고 7분 정도 더 끓인다.

5 4를 한 김 식힌 뒤 고운체에 거른다.

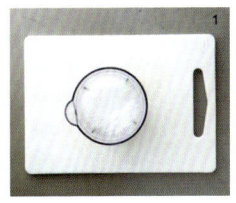

닭고기 당근죽

닭고기와 당근의 색감이 좋은 이유식

4~6회분

조리 시간
40분

칼로리
149

재료

닭가슴살 20g, 쌀 30g, 당근 20g, 고구마 20g, 물 150㎖

만드는 법

1 쌀은 충분히 불린다.

2 당근은 곱게 다지고, 고구마는 삶아서 으깬다.

3 닭가슴살을 삶아서 건져 곱게 다진다.

4 냄비에 1, 2, 3을 함께 넣고 센 불에서 끓인다.

5 4가 끓어오르면 불을 줄인 뒤, 눈지 않도록 저으며 10분간 끓인다.

6 뚜껑을 닫고 10분간 뜸을 들인다.

당근 대신 파프리카를 넣어서 조리해도 된다.

고구마 치킨 샐러드

고구마의 달착지근한 맛과 부드러움이 좋은 이유식

4~6회분

조리 시간
30분

칼로리
191

 재료

닭안심살 20g, 고구마 120g, 플레인 요거트 20g, 올리고당 3g

 만드는 법

1 닭안심살을 삶아서 얇게 찢어 1㎝ 길이로 자른다.

2 고구마는 찌거나 삶아서 껍질을 벗긴 뒤 으깬다.

3 볼에 닭안심살, 고구마, 플레인 요거트, 올리고당을 넣고 버무린다.

닭고기 브로콜리 무른밥

십자화과 채소 브로콜리의 영양이 담긴 이유식

4~6회분

조리 시간
30분

칼로리
90

 재료

닭안심살 20g, 브로콜리 20g, 붉은 파프리카 10g, 흰밥 40g, 물 1/2컵, 참기름 약간

 만드는 법

1 닭안심살을 삶아서 곱게 다진다.

2 브로콜리는 적당한 크기로 잘라 끓는 물에 살짝 데쳐서 찬물에 헹구어 곱게 다진다.

3 파프리카도 곱게 다진다.

4 작은 냄비에 흰밥, 닭고기, 물을 넣고 밥이 퍼지도록 끓인다.

5 4에 브로콜리와 파프리카를 넣고 한소끔 끓으면 참기름을 넣는다.

닭고기 연근 무른밥

식이섬유가 풍부한 연근으로 만든 이유식

6~8회분

조리 시간
40분

칼로리
532

 재료

닭가슴살 100g, 쌀 100g, 연근 50g, 당근 30g, 양파 50g, 연두부 100g, 다시마 육수 400㎖, 식초 적당량

 만드는 법

1 쌀을 씻어서 충분히 불린다.

2 닭가슴살을 삶아서 곱게 다진다.

3 연근은 껍질을 벗기고 잘라서 식촛물에 담갔다가 물에 씻어서 살짝 데쳐 곱게 다진다.

4 당근 · 양파는 곱게 다지고, 연두부는 으깬다.

5 냄비에 다시마 육수, 1, 2, 3, 4를 모두 넣고 센 불에서 끓인다.

6 5가 끓어오르면 불을 줄인 뒤, 눋지 않도록 저으면서 10분간 끓인다.

7 뚜껑을 닫고 10분간 뜸을 들인다.

한방에서는 연근 · 우엉 등의 뿌리 채소가 인내력과 끈기를 길러 준다고 한다.

알차고 건강한
자연이야기

자연 實綠 실록

하림모델 : 오연서

친환경 인증농가에서 키워 건강한 닭고기